抗日战争档案汇编

抗战时期国民政府军政部兵工署第十工厂档案汇编

6

重庆市档案馆 编

中華書局

本册目录

五、生产概况

（五）业务计划报告

五、生产概况

（五）业务计划报告

兵工署炮兵技术研究处汉阳炮厂第一分厂为报送一九三八年八、九、十各月份工作报告致荣泉馨的代电（一九三八年十一月十九日）

075

軍政部兵工署
砲兵技術研究處
漢陽砲廠第一分廠代電

東字第一八〇號
中華民國廿七年十一月拾九日
自衡陽東陽渡發
第 全 頁

事由：為本分廠八九十各月份工作報告照錄三份電請鑒核備案由

榮代處長鈞鑒：案查本分廠每月工作情形，歷經造具月報，按月報告桃源廠本部有案，前接鈞函囑將本分廠情形函告，茲謹將八九十各月份工作報告依次照錄三份，具文電請鑒核備案，實為公便。職沈莘耕叩皓

漢陽砲廠第一分廠八月份工作報告 東字第47號附件

謹呈

主任趙

職沈莘耕

一、修造事項

奉 兵工署臨電飭修砲十團三十倍十五榴彈砲兩門現已拆竣一俟機器裝好即行趕修又砲兵學校送修七五野砲一門已開始拆卸又四十軍送來威克司二五高射機槍槍身二挺屬配砲架因巨块鋼鉄無法配製已於八月二十四日以東字第43號呈請批示在案至由漢携來未修竣大砲數門仍須繼續修理

二、建設事項

76-1

建築宿舍茅屋二幢計十二間於八月十五動工，限二十五天完成又培修碼頭俾機船到時便於起卸，又因廠房不敷令木工搭蓋木板房四間，供鍛、鉚、木臨時工場之用

三、遷移事項

機船六艘，已於九月五日抵此，該項機船因拖輪力小且只一艘分批往返拖運再加株洲以上灘險過多抵衡山上九十里之大泥灘因灘險水淺，無法上駛乃令機船揚帆拉縴前進自離漢迄到東共費時三十日及拖輪德濟號於二十八日在大泥灘放令回岳

四、會計事項

由漢奉令出發時携洋五百元嗣後由漢、處續匯第一次二千元第二次六千元共

077

收八千五百元支出八月份職員俸給六百元上期工資一千零七十元零下期一千一百五十元以及茅屋造价購置物料雜費等項九百八十元迄九月六日存四千七百元正

五、接收事項

計中央修械所砲工場半幢茅屋一小間(存儲雜物)膳堂二小間(用木板隔離作存儲材料之用)機器工場半幢遷來機器即擬裝置於此

六、人事情況

職員報到者計孫庭瑞、盧光忠(宗)、謝象圻、李禄官、顧雪彤、李思諦、江介繁等七員,孫成璠尚未到,趙光漢離職一節,已於八月二十九日以東字第三十二號報告請示在案,又工人已到未到及潛逃各情形,另行列表,

呈賫

77-1

鑒核示遵

078

漢陽砲廠第一分廠九月份工作報告　東字第107號

謹呈

主任趙

第一分廠主管員沈華耕

一、修造事項

十五榴彈砲及七五野砲於八月份即開始拆卸，惟十五榴因被炸甚巨，另件多有燬滅無跡甚難配製者，已派員前往耒陽砲十四團拆看繪圖，以便趕修，又由漢帶來之七七野砲三門，內有五號砲身線膛內，尚卡有開花彈一顆，引信猶在彈頭，未曾射出，因距砲口甚多，難以普通方法取出，致該砲無從修理，經以東字第100號呈請轉函該原送部隊自以銅壳發射葯

兵工署漢陽砲廠

砲術字第3436號收
27年12月15
0-9-2

鈞記書局代印

78-1

未放出或用其他方法取出核示在案

二、建設事項

建築宿舍茅屋二幢，計十二間，於本月中旬完工，並於第一、二兩期週報陳明在案，機船九月五日到此，即趕築碼頭起卸，十五日全部運清，機船完全解雇乃着手加工裝設機器，於九月二十二日裝竣，因修械所傳動軸帶動本廠之軸而跳動較烈，經改良後，於九月二十七日正式開車，當以感電及第三期週報呈報在案，

三、經濟事項

八月份結存四千七百元，本月份並無收入，支出方面計機船租金，職工薪資茅屋造價，赴長購料，醫藥烟煤等項，共約五千餘元，已透支三百餘元，九月十

四日電請匯一萬元，經迭電催促，至本月底仍未匯到，致旅長待款之盧光宗，無法購料，工作上亦以缺乏煤油氧氣等料，延誤不少，衡桃相距既遥，快信往返，動輒兼旬，即電報來去，亦非一星期或十日不可，嗣後應請妥速辦法，以善其後，

四、人事情况

孫成璠自漢來信稱，即日到衡，趙光漢遺缺，請速派員遞補，會計員顧雪彤既留廠本部辦事，該員職務重要，未便久懸，併請迅予派員來衡，工匠李梅城方承禮長工瞿安泰迄未到工，經即開除，又中央修械所移交動力室司爐伙夫鄒雲生及挑水挑煤長工劉啟富陳運東陽安銀等四名，

五、其他

79-1

已派技術員孫庭瑞將3725號汽車運回東陽渡，惟該車零件缺少尚多，現已代電榮代處長飭廒務股查追，並分函株洲留守處蔣璜，詳查，務期尋獲，以重公物，

080

漢陽砲廠第一分廠十月份工作報告 東子第152號

謹呈

主任趙

第一分廠主管員沈莘耕

一、修造事項

前以十五榴彈砲炸燬甚烈，零件多有燬滅無跡無法配製者，經派員赴耒陽砲十四團拆看繪圖耒廠仿製，現該砲已裝配完竣一門，另一門在裝配中不久可以全部完成，其七七、七五及七六二野砲亦繼續趕修，又砲十六團第五號砲身内所卡之彈，已由本廠會同該團營附紀樹林安全射出，3775號汽車亦在趕修中，又迭准軍械司馬、蔡、儉各代電送修砲三團之七五山

80-1

砲一門，七七師之滬造山砲二門，砲八旅之七六二野砲二門，惟上項砲械，尚未送到，

二、建設事項

機器間過橋皮帶裝一木製安全設備，以防危險，機器間分隔一間，以為考工分配及檢查另件之用，職工住宅曾於十月十二日以東字第118號呈請先滙建築費五千元，以便招標動工，鍛工部之氣焊設備，新製電石氣發生桶已完工在使用矣，改製中央修械所廢車床一部以充本廠木車床之用，

三、經濟事項

上月份透支三百三十元本月先後收到廠本部滙來二萬五千元，除發放九月下期十月上期工資三千三百八十五元外又支購料及煤電造屋找付尾數借支旅費等項四千

零零四元結存一萬七千二百八十一元，

四、人事情況

孫技術員成璠本月三日報到來廠，四日公佈考績表，全体工人更換新符號添招長工張和、張丁之二名，

五、其他

本月份警報，幾無虛日，加以時疫流行，職工患病者，每日常在十餘人至二十人之間，影響工作甚大，

軍政部兵工署砲兵技術研究處砲廠第一分廠十一月份工作報告 桂字第12號

1

謹呈

處長莊

職沈莘耕（印）

一、遷移事項

十一月十二日連奉 兵工署(二七)械發字第19393、19409號命令略開「尅日向桂林附近移動」等因，並附致湘桂路運輸線區司令部公函乙件奉此，遵即一面派員持函赴該路交涉車輛，一面督率員工將本分廠機料分別裝箱起運上船，嗣因時局日緊，乃於十七日添雇臨時小工數十名在衡起卸裝車，二十三日東陽渡全部結束，並於廿四日成立駐衡辦事處移衡辦公，於廿九日全

089

部裝運上車，計第一批車皮八輛先行駛桂，第二批四輛約十二月三日方可開出，又先派盧技術員光宗於十四日到桂籌備駐桂林辦事處。

二、修造事項

砲十團之三十倍十五糎彈砲兩門及砲兵學校練習隊之克式野砲一門，均先後於本月十五八兩日竣工，分別交由各該部隊塡具印領及証明單具領，砲十四團新近送修之卅二倍十五糎彈砲兩門及十三團之一〇．五糎彈砲一門，因不及修理，分別交由原送修部隊領去，其餘在修之七七及七六二野砲等，因不及趕成，悉裝運赴桂，3775號汽車因損壞過鉅，難以完全修復，運衡招商承修，亦僅勉强行駛，已裝火車運桂。

三、經濟事項

2

090

上月份結存一七、二八一元，本月份收廠本部二〇、〇〇〇元，付廠本部購置員李文彬購油費四、〇〇〇元，付十月下期、十一月份全月薪俸工資及搬運機料臨時小工工資共七、〇三二·七元，付購料八八九·七〇元，付船租五四一·二〇元，付雜項及暫記付款二、四二七·五一元，結存二二、三一九·四二元。

四、人事情況

醫師胡基振（准廠本部醫務所楊所長十月廿五日來函介紹並在桃奉趙主任面允者）於十一月十四日到駐桂辦事處辦公，添雇汽車司機孫信根一名，砲門部工匠劉盤榮鄭爲道周江濤王根寶魯大倫毛以高施昌勝胡大啟八名，長工計少清朱清全朱正富王初發黄致明等五名。

五、其他

3

091

在衡陽東陽渡所建之職工宿舍茅屋兩幢，除函湖南省政府及衡陽縣政府備案外，並派員點交衡陽第二區東陽鄉第三十三保保長李楚雲接收保管，由該保長出具保管證明書存案。

4

100

兵工署漢陽砲廠第一分廠十二月份工作報告

桂字第17號

中華民國廿八年壹月四日發

謹呈

處長莊

職沈莘耕

一、遷移事項

上月底廠中機料悉已裝車，首批八輛，已開離衡陽，職爰於十二月一日率領一部份員工乘卡車抵桂，駐衡辦事處留孫技術員成璠等辦理結束，迨三日第二批機料車四輛由衡站開出，留衡各員乃於四日啓程，八日到桂，第一批機料車五日駛抵桂林時，即督同来桂員工趕卸，第二批因缺乏車頭，遲至廿二日始行抵桂，現已陸續運至峡山村廠房，即選出輕便常用

100-1

之機器，裝設以備開工，其餘笨重而不常用者，悉數運筑暫行存儲。

二、修造事項

因本月份全月均在遷移期內，拟請 從畧。

三、經濟事項

上月份結存二三、三一九、四二元，本月份收鈞處匯來一〇、〇〇〇、〇〇元，支付廠務費二、二〇一、二二元，購置材料費一五〇、〇〇元，發放工資及遷移臨時工資一、五一九、二一元，建築臨時廠房職工宿舍費一、三〇〇、〇〇元，購柴油機及柴油四、〇〇〇、〇〇元，暫記付款一、二七、五一元，結存二二、〇二一、四八元。

四、人事情況

本月份添雇護士俞昌德一名，臨時長工劉三喜一名。

五、建設事項

自奉　署令在桂開工，即擇定距城約二公里之峽山村山谷中趕建臨時廠房及職工宿舍，以備日內開工之用。

六、其他

因月餘未與　廠本部通訊，曾迭以函電向桃源沅陵貴陽等處探詢，迄未得復。

兵工署炮兵技术研究处为报送一九三八年业务报告致兵工署的呈（一九四〇年一月四日）

5

軍政部兵工署砲兵技術研究處稿

處長

主任秘書

十二月廿九日

中華民國廿八年十二月廿九日

總務組主任	土木工程組主任	工務組主任	設計組主任	會計組主任	購置組主任
十二月廿九日	廿九				

文别：呈

件數：一件

送達機關：兵工署

事由：為呈報二十七年度業務報告仰祈鑒核由

備註：現會計室趕不及趕辦奉諭補部土木附件編列第60號

總務組承辦

會計 土木 工務

組會簽

擬稿

繕寫

校對

抄 份送 組

中華民國二十八年

收文	文辦	核簽	擬稿	判行	繕寫	校對	蓋印	封發	歸卷
月日時	月日時	月日時	十二月八日上午十時	月日時	一月四日上午十時	一月四日下午四時	一月四日下午四時半	一月四日下午五時	一月六日上午七時

收文發文相距 日

收文 字第 號

發文 砲技（元）總字第 號

檔案 0類 九項 八卷 （一）號

5-1

案奉

鈞署渝造(穴)甲字第936號訓令開：

「查二十七年度業經終了」云云「毋得延誤此令」

等因。奉此，茲謹遵照奉 頒表式填具業務報告全份，備文呈請

鑒核。惟其中附表除人事變動及器材遷運統計二項外，其餘出品[illegible]造因本處

下半年奉 命遷移，並無出品，故僅填報上半年；機器遷移一項，亦以本處僅

係自下半年起遷移，當自下半年起填報；其他機器設備添置[illegible]

一種[illegible]因本處所有砲彈廠機器，均由柏林商專處代辦，未據列單送來，下半年無從填報；工友增減

移表，因株洲臨時槍彈廠上半年僅係試造時期，一切工人更動無常[illegible]

報記錄，下半年又奉 命西遷，所有工作停頓[illegible]無從填列，又現在[illegible]

5

6

收支表一項乃及趕不容候補具合併呈明謹呈

署長俞

附呈二十七年度業務概況全份

全衔處長〇〇

6

原定計劃

本處當着手籌備之初主要部分原為槍彈砲彈製造砲三廠嗣為自給動力及備配三廠機器起見增設動力機器二廠查槍彈廠機件係前上海兵工廠槍彈廠舊機一二八後拆存寗華濟三廠迄未裝置利用本處奉命接收後即派員分赴各地着手整理又向德國著名泰來廠及上海上海機器廠訂購新機加以補充以便與舊機併成槍彈機八全套每日每套出二萬發計月可出槍彈四百萬發製造砲廠係就漢陽兵工廠機器加以整理擴充者設計遷設株洲裝置就緒後約可月造十公分榴彈砲及七公分五山砲各二門砲彈廠全部新機係由柏

7

8

林商專處訂購者預定日出二公分砲彈三千發，三公分七砲彈一千發，由外動力廠係由上海天利洋行承辦向瑞士Escher Wyss廠訂購者，參照數量計三三五○兩机器廠籌備稍遲進行，已知所有該廠机件尚未着手採購，且已陷停頓中矣。

軍政部兵工署砲兵技術研究處

8

本處成立及遷徙經過

二十五年三月十四日奉兵工署造(五)甲字第一〇二五號訓令派莊。籌備在株洲建設兵工廠事宜等因，當於今年四月一日在南京技術司內闢室數間開始工作，嗣因職員增多，原有屋宇不敷應用，乃於五月四日租賃南京四牌樓吉兆里四號為辦公處，旋至二十六年夏七七事變，抗戰繼起，首都近在咫尺，威脅至深，所幸本處一切規劃已粗有頭緒，工作焦點側重株洲工地，爰於八月廿日率同全體職員搭乘裕興差輪離京西上，除設計組一部份留漢辦公，土木組一部份提前赴株工作外，因株洲廠地民房無多，難以敷用，所有總務、工務、會計、購置四組人員暫

90

10

在長沙大東茅巷卅號（自九月一日起暫在）相九月一日起遷陝復處外（設處辦公）今年十一月
七日始由長移株，迨二十七年夏抗日戰線深入皖贛腹地
武漢日益危急，本處一切工程奉令停止進行，自七月份起
開始輸送機料員工，最後一批於八月廿二日離株，九月七日到渝
即在本（市）處蒼坪街卅八號繼續（工作）辦公，（同月）十五日起本處駐渝
辦事處撤消，十二月二十日全部員工進駐忠恕沱廠地
渝市辦公處改稱通訊處，專司收發文件也

軍政部兵工署砲兵技術研究處

10

戰時損失

自去歲抗日戰線深入皖贛二省以後，武漢則時受威脅，七月，本處奉令將株洲廠地工程結束，並遷渝建廠，於是本處即務速組織運輸大隊，舉凡一切器材，均交由該隊西運。運輸期間，雖屢遇空襲，幸以處置得宜，未受損失。渝地建廠以後，亦未遭受空襲之損害，唯株洲廠地及漢陽砲廠以較近前線，先後屢受被炸數次，茲將二地損失情形，分述如下：

甲　株洲廠地　上年八月，株地空襲頻仍，迭遭轟炸，第一批工程　一一二號廠房磚牆及牆邊堆積磚瓦，被炸第一〇六號廠房柱基等，被炸倒塌，大黃坪辦公室

12

及像俱全被炸燬,以及臨時大庫房暨存積洋粒均被燬去,損失奇鉅。

乙、漢陽砲廠

該廠自遷移桃源以後,先後被炸數次,廠房庫房咸被波及,机器材料均有損失,前經造具被炸器材清册及照片呈請備案,茲不贅述。

22 6

13

行進困難

本處器材大部係委託駐德大使館商務專員办公處向海外各廠商訂購，并轉運於港防等地，以便內運。惟自廣州、武漢相繼淪陷，粵漢鐵路中斷，內運益形困難。本處不得已，遂將所購器材分存港防二地，其已內運者，則存積昆明。茲將各地情形分述如下：

甲、港防情形

自粵漢鐵路中斷以後，所有向海外訂購器材，均須取道海防轉運昆明，然後接運來渝。以故本處向海外所訂購器材大部囤積海防，有一部則積滯香港。惟港防當局對我抗戰材料之運輸未能廣與以便利，以及該地運輸機構之不健，與夫交通工具

9 13

14

之缺乏，並不影響貨運。歐戰爆發，港防當局嚴禁德貨進口，即現存港防德貨，均限期運出，否則即由當地官廳接管，留難殊多。查本廠所有向海外訂購器材，大多取給於德捷二國，是以均在限制之列，此故不易源源內運。

乙、昆明情形

港防器材之內運，均須取道昆明，故昆明已成為海外交通之樞紐，惟以各機關積貨眾多，而交通工具又不敷分配，以是貨運不暢。本處運昆器材，遂積滯甚多，不能隨時接運來渝，影響廠工良非淺鮮。

14 18

前途展望

本處原定計劃，祇造二公分及三七公分蘇羅通式砲彈，惟以我國內各軍隊所有之二公分小鋼砲，除蘇羅通式而外，尚有厭力根、白夫達、麥德生三種，以及四七公分百祿式平射砲一種，本處既負製造砲彈之使命，為使各軍隊小鋼砲之彈不虞匱乏起見，以利作戰起見，擬兼造上列四種砲彈，刻正從事計劃工具及樣板，將來材料一項，除三七公分發射藥及高級發射藥，國內尚難自給，仍須仰給於國外，其餘擬採自給自製之旨，即採用第二十四兵工廠所出之錳鋼及鎳鉻鋼條，並分托第二十五工廠及第二工廠代造製鋼殼之銅餅、底火、二公分砲彈之發射藥，以杜漏卮。

兵工署砲兵技術研究處二十七年下半年機器迁建表

項目	名稱	迁運數目	安裝數目	未裝數目	未裝原因	備攷
1	車床	87	11	76	廠房底脚未成。	内66部為特種自動車床，19部為普通車床
2	磨床	14		14	〃	
3	銑床	8		8	〃	
4	鉋床	1		1	〃	
5	鍋爐	3		3	〃	係煤氣發生爐
6	鑽床	35		35	〃	
7	鍘床	3		3	〃	
8	壓床	39		39	〃	
9	冲床	34		34	〃	
10	製彈簧機	3		3	〃	
11	彈頭試壓机	2		2	〃	
12	光学檢驗机	5		5	〃	
13	硬度試驗机	2		2	〃	
全計		236	11	225		國内外未到者未記入

16

16

卩

兵工署砲兵技術研究處二十七年上半年出品造繳表

品名	單位	修造數量		解繳數量	欠繳數量	欠繳原因	備考
七九圓步彈	粒	額造	1,200,000	1,674,500			本處株洲槍彈廠原自本年五月一日起正式開工旋因時局緊張奉令準備遷移所出成品分計如左
		加造					
		造					
		造					
		共計					
七九尖步彈	粒	額造	試造性質	84,500			
		加造					
		造					
		造					
		共計					
七九槍夾	只	額造	300,000	300,000			
		加造					
		造					
		造					
		共計					
		額造					
		加造					
		造					
		造					
		共計					
		額造					
		加造					
		造					
		造					
		共計					

廿

兵工署炮兵技术研究处器材迁运统计表

品名＼项别	起止及经过地点	吨数	运输方式	起运及到达日期	备考
机器	株洲经武昌宜昌等地至重庆	2500	火车，轮船，木船，	二十七年五月起 二十七年十二月止	
材料	〃	1590	〃	〃	
其他					
备注	运输方式即指用轮船火车或木船卡车等方法运输				

18

軍政部兵工署砲兵技術研究處二十七年上半年機器設備添置表

項數	名稱	數量	已否運到	已否安裝	備考
1	車床	六角車床40部	未	未	本案係于廿七年四月間呈准兵工署委託商寺家漆雜寺車三公分七彈頭
2	磨床				之用甚係二公分砲彈廠所屬機器係早由商寺家統籌代辦，不列
3	銑床				本表
4	鉋床				
5	鑽床				
6	〃				
7	〃				
8	〃				
9	〃				
10	〃				
合計		40部			

總 字第 號 文附件
歸 檔 字第 號
歸檔 年 月 日
卷號 — —

19

2

砲兵技術研究處二十七年上半年職員動態表

類別 / 月份	原編制人数	增設額外人員数	新任或調任	免職	死亡	現有人数	比較上月份增減数	備考
一月份	121	3	5	2		108	增4	
二月份	121	2	1	5		107	減1	
三月份	121	8	1	3		116	增9	
四月份	121	7	1	4		119	〃3	
五月份	121	5	1			125	〃6	
六月份	121	4	3	3		128	〃3	

備註

砲 字第 號 文件
原文字號 字第 號
歸檔 年 月 日
卷號

2

砲兵技術研究處二十七年下半年職員動態表

類別 / 月份	原編制人數	增設額外人員數	新任或調任	免職	死亡	現有人數	比較上月份增減數	備考
七月份	121	3	5	5		132	增4	
八月份	121	2	5	8		118	減14	
九月份	121	8	3	9		111	〃7	
十月份	121	5	4	5		120	增9	
十一月份	121	3	1	2		122	〃2	
十二月份	121	2		1		124	〃2	

備註：查本處調往第二十五工廠人員計額内額外共二十五員除額外人員外中有額内人員六人截至目前止奉部令核准調用但本處早與該廠約定凡調用人員已往報到者（另有規定者除外）一律自二十七年八月一日起由該廠支薪故本表現有人數欄内自八月以後所有調往該廠人員均未列入

1521

22

砲兵技術研究處二十七年上半年現金收付表

科目	費別	摘要	金額 小計	合計	總計
收項					
Ⅰ上期結存					
(1)現金結存	經常費	庫存	224.85		
	〃	銀行存款(中國)	673.60		
	〃	〃〃(中國農民)	24,674.37	25,622.82	
	建設費	庫存	1,583.53		
	〃	銀行存款(中央)	38,542.88		
	〃	〃〃(中國農民)	149,304.16		
	〃	〃〃(中國)	601,591.05	791,025.62	
(2)零用金	經常費	二十六年十二月三十一日止結存		1,110.83	
	建設費	〃〃〃〃		1,300.00	819,059.27
Ⅱ領入款					
(1)署撥經費	經常費	奉撥本年度經常費用		225,300.00	
	建設費	〃〃建設〃		126,928.42	
	遷移費	〃〃遷移〃		200,000.00	
(2)存款利息收入	經常費			3,331.38	
	建設費			16,264.56	
(3)應解剔除款	經常費			.80	1,214,185.06
Ⅲ什項收入	建設費			1,414.88	1,414.88
Ⅳ暫收款	〃			5,750.00	5,750.00
Ⅴ暫付款	經常費	本年六月三十日止為二十六年度經收回暫付款		12,264.73	
	建設費	〃〃〃		412,877.77	425,142.50
Ⅵ減應收債票	〃			3,123.49	
	經常費			5,840.42	2,956,736.80
付項					
Ⅰ經費	經常費	俸給	20,967.88		

P022

23

		[illegible]費	4,323.14		
		設備費	1,204.36		
		特別費	13,762.05		
		準備金	1,656.10		
		臨時費	16,313.37	110,224.93	
	建設費	廠基購置及整理費	22,239.05		
		道路建設費	29,681.67		
		房屋 〃	32,015.91		
		機械設備費	313,139.43		
		機械運輸費	18,104.87		
		公用設備費	50,993.47		
		什項 〃	151.97		
		附屬事業費	52,557.43		
		機器修理費	16,369.85		
		試造費	488,940.33		
		臨時機器廠用費	172,230.44		
		川䃘彈廠用費	80,220.27	1,321,592.69	
[illegible]	遞移費			130,243.15	
三 預付款	建設〃	向國內外訂購機料按合同預付之款		1,000,673.31	
四 應收暫款	經常費	應收暫付建設費款	4,322.54		
	建設〃	〃 〃 代墊款	15,178.09	19,500.63	
四 暫收款	經常費	沖銷前付出暫收之款		2,185.88	
五 減應付暫款	建設〃			[illegible]	
四 減應付傳票	經常費			[illegible].14	
	建設〃			[illegible]	
本期結存					
(1) 現金結存	經常費	庫存	305.45		
		銀行存款(中國農民)	146,035.13	146,340.58	
	建設〃	庫存	2,260.04		
		銀行存款(中央)	46,176.56		
		〃 〃(中國農民)	140,503.50		
		〃 〃(中國)	49,336.92	238,277.02	
(2) 另用金	經常費			1,912.18	
	建設〃			1,635.43	2,956,236.80

存底

19
25

兵工署第十工厂希望充实改善事项意见书（一九四一年四月）

希望充實改善事項意見書

本廠原稱砲兵技術研究處，自廿年度開始正式出品，三十年元旦改定今名，一切設備雖已粗具規模，然必須充實改善之事項尚多，茲擇其主要者數端臚列如次，敬祈

鑒答：

一、希望加強材料運輸能力

本廠以製造二公分及三七公分砲彈為主，其他附屬出品已詳另表。主要出品之最大機能計二公分榴彈每日可出二千發，二公分破甲彈每日可出一千發，三七公分榴彈或破甲彈每日可出一千發，（每年）需用鋼料約八百公噸，銅料約八百公噸，工具鋼約五十公噸，火藥約一百卅公噸，油類約四百公噸，總計約二千

一百七十噸，其他副料未計在內。本廠三年內共計材料約八百五十七噸，約佔全年數量三分之一，但運到之種類參差，數量不齊，不能與製造情形配合，其他材料存海防、存仰光、存臘戍、存昆明，或因國際變化，或因運輸途次而遭損失者，或某種全部材料遺失無蹤者，使本廠存材料補充上感受無限之困難。目前自行設法代用品，大都難合規格，或費工甚多，影響出品能力與計劃甚大。廿九年七月間，本廠鑒於此種情形之不能久待，乃積極租用商車搶運留滯昆仰間之機器及材料（約六百餘噸）來滇，至十一月間本廠始得勉強開工。惟當時西南運輸處未予諒解，隨即停運阻。尚有五百餘噸仍留滯各地，數量、種類及地點情形複雜，極難查對。本廠希望運輸當局加強運輸，統籌運輸，使後方製造計劃

65

0071

得以實行能力得以增加抗戰前途實裨益非淺。

（二）希望改善原動力設備

本廠電力係由重慶電廠供給，該廠僅裝四千五百瓩發電機一部，供給全市燈力久感不敷，故電流時斷時續，影響本廠出品殊非淺鮮。將來本廠業務發展，用電量須達六百瓩，重慶電廠更無法供給，本廠現有舊式五百五十瓩煤氣發電機貳部，效率低微，運用困難，不堪經常供電負荷量亦感不足，為謀發展製造業務並使用電有所保障起見，擬請准自置新式動力設備，約需七百五十瓩容量之三相交流發電機一座，呈請 鈞部分咨請經濟部核准，俾本廠用電無虞中斷俾本廠工作得以順利進行。

66

(三)希望安定職員生活

兵工機關職員待遇在目前狀況較一般[illegible]機關為優較之官機關或商業性機關為低在此物價飛漲時期雖有部份各項津貼辦法但相形比較、人心仍是浮動、所有過去津貼辦法計有：

(甲)准少尉人員房租津貼（一元至三元六角）

(乙)准少尉層負勤務獎勵金

(丙)低級人員生活維持費辦法

(丁)署發廉價米辦法（每市斗三元以價發）

又本廠前特奉委座辦二管渝甫第1903號訓令略以各單位善體奉委座體念部屬之意各竭智慮自行再求治本辦法等因

本廠爲顧自身調節力量以期安定員工生活、目前所辦列者計(一)

全體員工一律免徵房租，以安定其居住；（二）發給燃料，以解決其有柴無炊之困難；（三）另給年資津貼，每年十元，以次遞增，以減除一般職員五日京兆之心理，增強工作效率。此為本廠單行辦法，至其經費來源，約為下：（一）利用本廠環境舉辦各種附屬生產事業，如農場、畜牧場、合作社等盈餘；（二）利用本廠公積金；（三）倘上兩項不敷時，則在年內（度盈餘）酌提。此項辦法施行目前行之頗見成效，尚能苟安一時，倘使物價繼續增高，能否維持，尚難預測。

查各單位（機關）因環境之不同，所採生活津貼辦法亦因之而異，國家若能統一辦法，則其中不免發生高低軒輊之弊，人事動蕩，鮮有定的工作效率。減低（影響整個）國家機構，宜以銓敘官職，為國家名器不可因生活高

68

濫而混亂其銓叙標準，仍須嚴格執行，查各國遇到此種困難時期，公務員生活津貼概以當地物價指數為準繩，以資一律，此法似可採取，國家前途實大有裨益。

四、希望改善人事業務：

查目下各級職員晉升停年雖按戰前規定年資縮短三分之一至二分之一，但晉級之文書之核轉，以兵工廠情形言，尉官或委任職員晉級，最少須經兩上級機關之審核（先由廠方呈署，再由署方轉部）始能決定應晉與否，而呈請晉級猶須俟停年屆滿，方可申報，因此規定停年本為半載，自原機關呈報，至上級機關核定，將指令遞達管轄下，其間相距時日，竟有達三四月之久者，故與規定停年合併計算，請

75 0075

晋一級，常須歷時九個月至十個月，其他特准或薦任以上職員之晉職，須增加一審核機關（軍委會核定），或規定停年在一年以上者，則其躭擱之時間更無論矣。竊查各行政機關銓叙標準雖嚴，但在已定法令範圍内，員司之黜陟，似應准由各該機關自由運用，或事後報由最高銓叙機關備案，况兵工機關人事法令及晉級年資既有一定範圍，在原機關切實考核，證明其年資已滿，成績確優，而編制有上階缺額者，似可先予晉升，事後報請上級機關備案，若以目前辦法，須由各上級機關逐層審核，則手續似應力求[illegible]簡省，辦理時間亦應盡量迅速，是則用人登進之途自廣，現有人員亦可安于所守，不致時起外騖之思矣。

如有不合情形可予駁斥

70

軍政部兵工署第十工廠

廿九年度設施及工作情形報告表

（一）製造方面：

本年度製造方面設施及工作情形可分兩階段：（甲）第一階段：查本廠機器設備，專為製造步兵砲彈、小口徑砲彈而用。在本年度初期，所有各項必須之材料，均因運輸關係，不能照預定計劃到廠，以致正式出品，無從着手。乃將業已到廠而可利用製造其他軍品之機器，協助其他各廠所不及製造者，担任零件修理小口徑砲彈并压製TNT藥包與雷管等之工作。但因藥包及雷管本廠製造之設備較為齊全而新穎，所有出品概無需要方能作。同時籌備擲彈筒機器設備，籌造擲榴器具，奉兵工署令製造。此項工作自三月間開始籌備工具材料工人等等，至十月間始着手大量製造。此第一階段之概況也。

71

0077

（乙）第二階段：本廠製造砲彈之機器設備，雖大體上在春初即已佈置就緒，惟全部砲彈材料及一部份樣板工具等均付缺如，故於第二階段尚難正式出品，[redacted]本廠上述材料西南運輸處無法運到，經呈請兵工署自行辦理運輸工作，以期早日出品而供[redacted]抗戰需要，當蒙兵工署撥發運輸[redacted]費二百万元，[redacted]由本廠派員[redacted]赴騰衝及昆明兩處分別採購，並運來廠，至十月間，各種材料之一部份，分別到達，十一月間起即開始製造，本廠之首次正式出品自此時始。嗣後遂以充實此項製造工作為前提，當此時雖已達正式出品之階段，但製造能力尚形薄弱，最大原因厥為工具機器太少之缺乏，一時無法購備，以致檢驗樣板、製造樣板、樣板刀具等補充均感困難，本廠對于此種工作自顧不暇，亦無法協助，本廠出品方面因而大受影響，最初製造

72

造二公分蘇普通槍彈，擬定每月約出二万五千發，但至實出至卅年三月間始達此數，至目前則已超過此擬定額數，因留昆存件之機器及材料已陸續搬運回廠，惟此項搬運回廠之機器中，尚有一部份鏽壞不堪，零件遺失亦多，須加以澈底修理，而修理工作，因工人經驗缺乏，工具之不齊，非短時期內所能完成，故尚未能全部使用，此第二階段之概況也。

(二)建築方面：

(甲)廠房共有廿棟，大致已敷應用。

(乙)庫房、辦公室及職工宿舍，尚感不足，現正在陸續建築中，其辦公室中之福利會計兩處辦公室，於本年度年底開始建築，現下層工程

33

0079

業已完成，卅年八月間可望全部竣工。庫房中之火藥庫工程，係用条石砌牆，上砌拱圈，內外兩層紫修地板，外塗柏油，鋪刷油毛氈兩道，防止浸水，自本年度十月發包開工後，因中途發生周折，至今尚未完工。

（丙）山洞：目前計共有五座，第一第四兩洞專為員工避難之用，此兩洞共長二百五十三公尺，可容七百餘人，現本廠全體員工及其眷屬等約有兩千人左右，亟待添造以資全部容納，因此在本年度八月間開始建築第五山洞，此洞全長百五十公尺，現已完成九十公尺，可容二百餘人，其餘不敷之數，暫以第二三兩洞應用，此兩洞原為備安裝機器在洞內工作之用，地面均鋪石条，兩洞共長四百四十公尺，內部設施均已完善，並備有通風洞、抽風機，俾空氣可以調換，俟全部設施完成，即將機器遷進其中。此外另築材料山洞，為儲藏

74

0080

材料之用，總長百噸以上，現已完成三分之一。總之，本廠對于山洞工作，要經詳細計劃，並力求迅速完成，但以物價高漲不已，各項工料單價無法確定，已高，經費方面困難，常發生停頓情事，以致進行非常遲緩，現正竭力設法補救中。

（三）組織方面：

本廠於本年度籌備正式出品，為適應環境，推進業務起見，在組織方面不得不從新調整，因於九月間呈奉本部核准修改編制（即現行砲兵技術研究處編制），在此新編制中有下列各點堪資陳述：

（甲）、為充實技術人才以利製造起見，將工程師室加以擴充，所有該室工程師名額（薪等增加）級均略有增高，同時各所主管技術員（及低級技術員）名額增級

亦有改善，用以休除以前領工之弊，此並於本廠本年度業已全部

73

總字1?2號
2000頁No.26

0081

簿列。

(乙)为安定职工生活，提高[redacted]工作效率起见，增设福利组一单位，直隶于厂长，举凡职工食宿乐育种种工作，均由该组负责筹设改善。

(丙)、本厂当此因筹备正式[redacted]造出品，业务日繁，人员亦增[redacted]，厂内[redacted]秩序，亟需有合理之维持，因增设稽查组一单位，直隶于厂长。

(丁)正确之统计工作为改进事业最真实最妥当之根据，因此本厂于本年度中间设置统计组一单位，隶于厂长办公厅之下，惟此单位并未列入编制之内，所有人员均[redacted]向其他各单位调用

76

而由秘書主調秘書一人主其事。

（四）員工生活方面：

（甲）住宿：本廠員工除極少數住居廠外者外，其餘大部均寄宿廠內，其携有眷屬者，並備有眷屬住宅，惟因建築設備不足，迄今尚未全部容納耳。

（乙）膳食：本廠遵照員工服務規定辦法，供給員工及其眷屬之廉價食米，每市斗收款三元，惟每人（職工）每月只准價領二斗五升，（本人直系親屬則為二斗）並嚴密調查人數，以（嚴格實行）杜流弊。至食堂設備，除携有眷屬之職[illegible][illegible]，凡單身職工，均有（[illegible]）食堂可資用膳。

（丙）日用必需品之供應：為適應各職工之需要，本廠經設消費

77

0083

合作社一所，专事採运日用必需物品，转售于职员工，惟因资金不足，未能大量採运。但各种生活必需品之价格，确较市价为廉。

（丁）医药治疗：为保持各员工之健康，本厂设有医院一所，除聘请学验俱富之内外科医师数人外，另于本市及昆明各地採购常用药品，务期供给诊疗之用。本年度并加以充实。至住院病人之治疗，最近亦已积极[illegible]安设。

（戊）子弟教育：本厂设有子弟学校一所，俾各员工子弟能就厂内求学，本年度仍继续办理，计上下两期共有学生　人，职教员　人。

（己）图书设备：本厂于本年度设置图书阅览室一所，购置各种图书杂志报纸等，供各员工公余阅览之用。

78

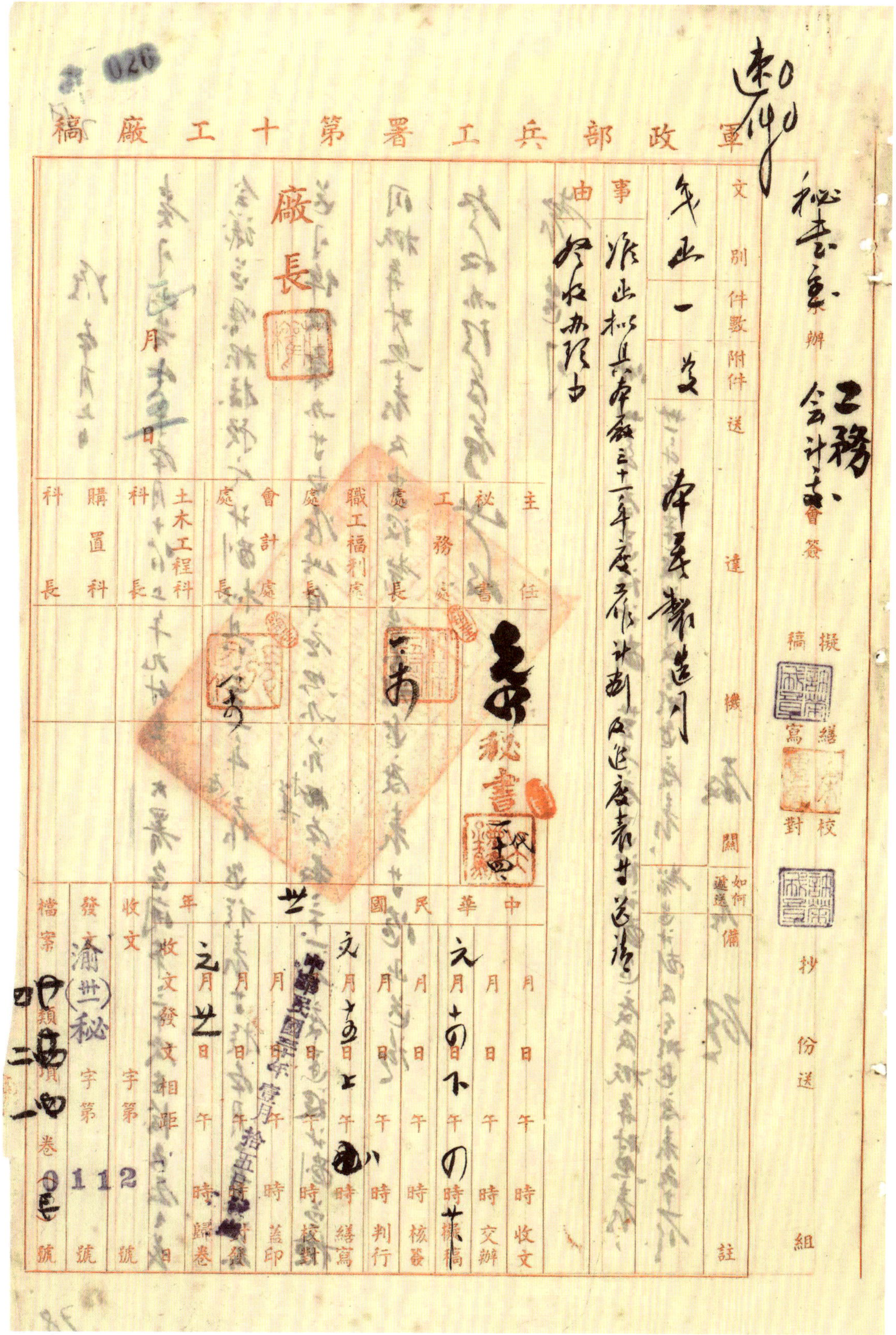

軍政部兵工署第十工廠稿

速件

文別：箋函

送達機關：本署製造司

事由：准此檢具本廠三十一年度工作計劃及進度表共送請 查照由

主任秘書 秘書

工務處長

會計處長

職工福利處長

土木工程科長

購置科長

廠長

中華民國卅一年 元月十四日下午 擬稿

元月十五日上午 繕寫

發文 渝（卅一）秘字第0112號

兵工署第十工厂为检送一九四二年度工作计划、进度表致兵工署制造司的笺函（一九四二年一月十五日）

军政部兵工署第十工厂用笺

261

准本月七日

贵同业告字于本月十六日上午九时在

大署召开第三十次主任各厂长会议，并嘱根据预定计划拟具三十一年度工作进程表，并于本月十五日以前送司，俾便汇办等由。准此，自应照办。兹将本厂拟具三十一年度建设计划并检同概算对照表及建设制造分期进度表，并随函送请

察核办理为荷。此致

制造司

附：卅一年度建设计划、卅一年度建设计划进度及概算对照表、卅一年度建设计划及分期进度表、制造计划及分期进度表各五份

厂名厂

78

027

第十工厰三十一年度建設計劃

(甲)厰基購置及整理

一、為增闢射擊場及其他建築等須擴充厰基擬購地三百畝

二、擴充厰址各地須加整理排洩山水及砌堡以防塌土等工程

(乙)修築射擊場砲道及其他道路

(丙)房屋建築

一、添建廢品整理工場厰房一座計需地三百平方公尺

二、添建辦公廳一座約計一百八十平方公尺

三、添建末倉及料庫房各一座計約共需面積三百八十七点五平方公尺

四、添建職員住宅六座約共需面積壹千五百平方公尺

五、添建工人宿舍五座共計約需面積壹千零五十平方公尺

六、添建工人住宅七座計約需面積一千六百一十平方公尺

(丁)山洞建築

本厰擬於年内完成山洞厰房及防空山洞約面積一千平方公尺

(戊)其他建築

一、病房約二百平方公尺

二、添建竹籬圍墻一千公尺

(己)機器購置——在渝就地覓購

79

21-1

一、车床四部

二、车光圆钢高速度车床一部

三、工具磨床四部

四、铣床二部

80

82

軍政部兵工署第十工廠三十八年度製造計劃及分期進度表

廠長 [印]　工務處長 [印]　會計處長 [印]　製表員 [印]

計劃項目		二公分砲彈	三七公分砲彈	擲槍器具	T.N.T.藥色	俄式三七引信
第一期	一月份	30,000發		8,000套	20,000色	
	二月份	30,000〃		8,000〃	20,000〃	
	三月份	20,000〃	5,000發	8,000〃	20,000〃	10,000个
	占本年全數百分率	36%	4%	30%	25%	20%
第二期	四月份	20,000發	5,000發	8,000套	20,000色	10,000个
	五月份	20,000〃	7,500〃	6,000〃	20,000〃	10,000〃
	六月份	20,000〃	7,500〃	6,000〃	20,000〃	10,000〃
	占本年全數百分率	25%	16%	25%	25%	60%
第三期	七月份	20,000發	10,000發	6,000套	20,000色	10,000个
	八月份	20,000〃	10,000〃	6,000〃	20,000〃	
	九月份	10,000〃	20,000〃	6,000〃	20,000〃	
	占本年全數百分率	23%	32%	22.5%	25%	20%
第四期	十月份	10,000發	20,000發	6,000套	20,000色	
	十一月份	10,000〃	20,000〃	6,000〃	20,000〃	
	十二月份	10,000〃	20,000〃	6,000〃	20,000〃	
	占本年全數百分率	13%	48%	22.5%	25%	
備註						

020

軍政部兵工署第十工廠三十二年度建設計劃及分期進度表

期別	計劃項目	廠基整理：廠基購置	排水工程	道路建築：土石方及路面	房屋建築：廠房	辦公廳	倉庫	職員住宅	工友宿舍	工友住宅	職工食堂	病房	其他建築	附屬工程：山洞	圍墻	機器設備：機器設備
第一期	一月份工作百分率	50%		5%	15%		10%						8%	10%		
	二月份工作百分率	50%		5%	15%		10%	15%	15%	15%		20%	8%	10%		15%
	三月份工作百分率		10%	5%	15%	25%	25%	15%	15%	15%		20%	8%	10%		
	本期工作百分率	100%	10%	15%	45%	25%	45%	30%	30%	30%		40%	24%	30%		15%
第二期	四月份工作百分率		25%	5%	15%	25%	15%	15%	25%	15%		20%	8%	10%		
	五月份工作百分率		20%	5%	15%	25%	15%	15%	20%	15%	15%	20%	8%	10%		
	六月份工作百分率		20%	5%	15%	25%	15%	15%	15%	15%	20%	20%	13%	10%		10%
	本期工作百分率		65%	15%	45%	15%	45%	45%	60%	45%	35%	60%	29%	30%		10%
第三期	七月份工作百分率		10%	5%	10%		10%	15%	10%	15%	20%		8%	10%		10%
	八月份工作百分率		10%	10%				10%		10%	15%		8%	10%		10%
	九月份工作百分率		5%	10%							15%		8%	5%	30%	10%
	本期工作百分率		25%	25%	10%		10%	25%	10%	25%	50%		24%	25%	30%	30%
第四期	十月份工作百分率			15%							15%		8%	5%	30%	10%
	十一月份工作百分率			15%									8%	5%	30%	10%
	十二月份工作百分率			15%									7%	5%	10%	25%
	本期工作百分率			45%							15%		23%	15%	70%	45%
備註		於第一期即將測量議價等工作完成	在發水期間分二期趕辦完成	分四期陸續完成	以七個月為一期完成	以四個月為一期完成	料庫及穀倉在七個月內分兩期完成	在七個月內分兩期完成	在六個月內分兩期完成	在七個月內分兩期完成	以六個月為一期完成	以五個月為一期完成	分四期陸續完成	分四期陸續完成	以四個月為一期完成	徵購定製年終完成

廠長 [印]

土木科長 [印]

會計處長 [印]

製表員 [印]

軍政部兵工署第十工廠三十一年度建設計劃進度及概算對照表

計劃部份			概算部份									
計劃類別	計劃項目	分期進度	國庫負担概算書款項目	金額	其他來源	金額	每期支出合計金額	占本項支出百分比	每項支出合計金額	占本類支出百分比	每類支出合計金額	占本機關支出百分比
普通政務計劃費建設類	廠基購置費	擬於卅一年度一至四月一期內完成測量征收	第一款一項一目	七五〇,〇〇〇.〇〇			七五〇,〇〇〇.〇〇	七八.九四	七五〇,〇〇〇.〇〇	一二.五		
	排水工程	擬於卅一年度三至九月分二期完成	第一款一項二目	二〇〇,〇〇〇.〇〇			(一)一〇〇,〇〇〇.〇〇 (二)一〇〇,〇〇〇.〇〇	一〇.五三 一〇.五三	二〇〇,〇〇〇.〇〇	三.三三		
	道路建築	擬於卅一年度一至十二月分四期完成	第一款二項一目	三〇〇,〇〇〇.〇〇			(一)六〇,〇〇〇.〇〇 (二)六〇,〇〇〇.〇〇 (三)七〇,〇〇〇.〇〇 (四)一二〇,〇〇〇.〇〇	二〇 二〇 二三.三三 二六.六七	三〇〇,〇〇〇.〇〇	五		
	廠房建設費	擬於卅一年度一至七月一期完成	第一款三項一目	一五〇,〇〇〇.〇〇			一五〇,〇〇〇.〇〇	五.七九	一五〇,〇〇〇.〇〇	二.五		
	辦公廳建築費	擬於卅一年度三至六月一期完成	第一款三項二目	八〇,〇〇〇.〇〇			八〇,〇〇〇.〇〇	三.一二	八〇,〇〇〇.〇〇	一.三五		
	倉庫建築費	擬於卅一年度一至七月分二期完成	第一款三項三目	一九三,七五〇.〇〇			(一)一〇〇,〇〇〇.〇〇 (二)九三,七五〇.〇〇	三.八六 三.六二	一九三,七五〇.〇〇	三.二三		
	職員住宅建築費	擬於卅一年度二至八月分二期完成	第一款三項四目	五二五,〇〇〇.〇〇			(一)三〇〇,〇〇〇.〇〇 (二)二二五,〇〇〇.〇〇	一一.五七 八.六八	五二五,〇〇〇.〇〇	八.七五		

30

83

	工人宿舍建築費	擬於卅一年度二至七月分二期完成	第一款三項五目	三六七,五〇〇.〇〇			(一)二八〇,〇〇〇.〇〇 (二)八七,五〇〇.〇〇	一〇.七九 二〇.三八	三六七,五〇〇.〇〇	六.一三五
	工人住宅建築費	擬於卅一年度二至八月分二期完成	第一款三項六目	五六三,五〇〇.〇〇			(一)三六〇,〇〇〇.〇〇 (二)二〇三,五〇〇.〇〇	一三.八八 七.八五	五六三,五〇〇.〇〇	九.三九
	食堂建築費	擬於卅一年度五至十月一期完成	第一款三項七目	四三二,〇〇〇.〇〇			四三二,〇〇〇.〇〇	一六.六六	四三二,〇〇〇.〇〇	七.二
	病房建築費	擬於卅一年度二至六月一期完成	第一款三項八目	一六〇,〇〇〇.〇〇			一六〇,〇〇〇.〇〇	六.一七	一六〇,〇〇〇.〇〇	二.六七
	其他建築費	擬於卅一年度一至十二月分四期完成	第一款三項九目	一二〇,〇〇〇.〇〇			(一)三〇,〇〇〇.〇〇 (二)三二,〇〇〇.〇〇 (三)三〇,〇〇〇.〇〇 (四)二八,〇〇〇.〇〇	一.一六 一.二七 一.一六 一.〇四	一二〇,〇〇〇.〇〇	二
	山洞建築費	擬於卅一年度一至十二月分四期完成	第一款四項一目	一二〇,〇〇〇.〇〇			(一)三六,〇〇〇.〇〇 (二)三六,〇〇〇.〇〇 (三)三〇,〇〇〇.〇〇 (四)一八,〇〇〇.〇〇	二九.〇三 二九.〇三 二四.一九 一四.五二	一二〇,〇〇〇.〇〇	二〇
	竹籬圍牆建築費	擬於卅一年度九至十二月一期完成	第一款四項二目	四〇,〇〇〇.〇〇			四〇,〇〇〇.〇〇	三.二三	四〇,〇〇〇.〇〇	〇.六七
	機器設備費	擬於卅一年度二至十二月分二期完成	第一款五項一目	九一七,二五〇.〇〇			(一)一五〇,〇〇〇.〇〇 (二)七六七,二五〇.〇〇	一六.三五 八三.六五	九一七,二五〇.〇〇	一五.二九

14

031

兵工署第十工厂为报告一九四三年度建设及制造计划大纲致兵工署的代电（一九四二年四月七日）

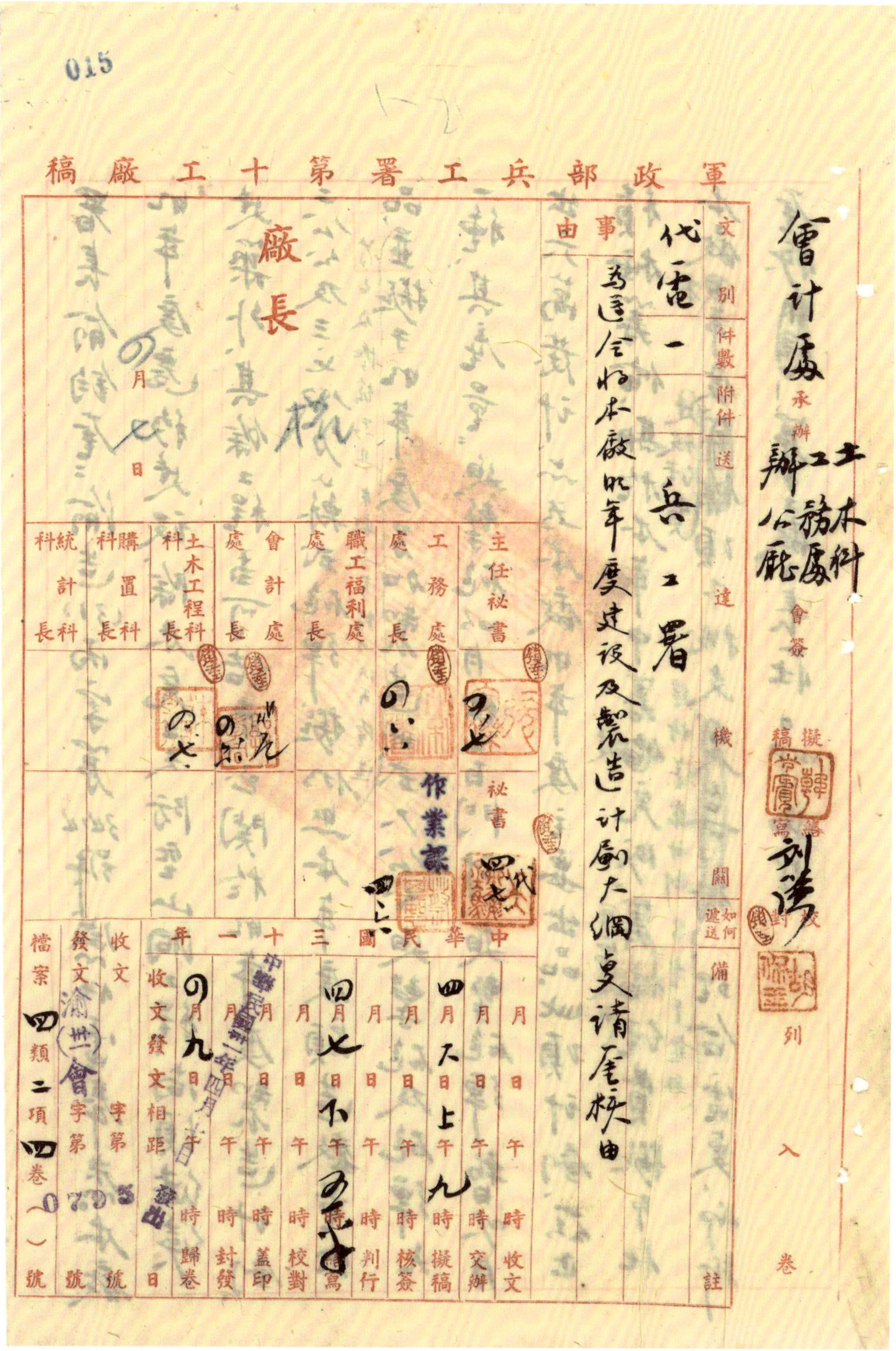
軍政部兵工署第十工廠稿

文別：代電

事由：為遵令將本廠明年度建設及製造計劃大綱具請鑒核由

兵工署

廠長

主任秘書　工務處處長　職工福利處處長　會計處處長　土木工程科科長　購置科科長　統計科科長

會計處　土木科　工務處　辦公廳　承辦　會簽

擬稿　繕寫　封發

中華民國三十一年

收文　月　日　午　時
交辦　月　日　午　時
擬稿　四月六日上午九時
核簽　月　日　午　時
判行　月　日　午　時
繕寫　四月七日下午　時
校對　月　日　午　時
蓋印　月　日　午　時
封發　月　日　午　時
歸卷　四月九日　午　時

收文發文相距　日

收文　字第　號
發文　渝（卅一）會字第0793號
檔案　四類二項四卷（　）號

15-1

署長俞鈞鑒：渝造(31)丙字第3414號感代電奉悉。本廠明年度應行建設，除未完工之防空山洞工程，尚須繼續建築外，其餘工程，當可結束。至關於明年度製造計劃，二公分及三七公分戰防砲彈，擬仍照本年度額造數量出品，並擬于明年度另加製造卅式八公分迫擊砲及砲彈各一種，其產量：迫擊砲以月出二百門計，迫擊砲彈暫以月出六萬發計，亦為本廠明年度主要出品。此項計劃，茲正積極籌備，期於本年中籌建完成，所需建設經費擬即在本廠[illegible]年度建設經費項下撥支。除將來發計劃另案呈報外，理合電復，仰祈鑒核。第十工廠廠長莊○叩陽印

兵工署第十工廠三十年度設施及工作情形報告書

本廠於三十年元旦由前砲兵技術研究處改編成廠，正式出品。特將各部分工作情形，簡述於下：一、製造方面。最初數月，因樣板刀具等補充困難，產量尚未達預期每月二萬五千發之數。至三月間始達此數。其後逐漸增加。但因受空襲影響，出品又遭損挫。冬季盡力趕造，勉能符合預算。以三十年度出品數量與本廠機器能力相較，尚未達最高限度，其原因有二：（一）本廠機器原分二批購置，第二批機器運到較遲，於三十年下半年開始整理安裝，因途中損毀嚴重，修配異常困難，今雖全部已可使用，然終以若干配備無法補充，效率不免減低。（二）本廠為

0064

新成立之工廠，各項半成品之轉手數量，均極缺乏。三十年度，除製繳預算之出品外，尚須準備各項半成品之適當轉手數，以後工作可較順利。故三十年度本廠工作效率，不能僅以製繳成品數量核計也。至于製造上之困難，除上述樣板刀具之補充與空襲影響外，尚有更感嚴重者。一為材料之不完備，二為員工生活之不安定。本廠對於運輸，曾盡最大之努力，三十年度所需各種材料大部均能應付，但其中一小部份仍難完全配合，而一砲彈之機構，缺一不可，是則必思有以代之。於是工作方法因之不同，使用機器因之變更，刀具設備全盤改換，且必須先之以試造，繼之以測驗，務使其原物無殊，方堪應用。以是對生

61

產能力之影響，至深且鉅。查員工福利，本廠亦嘗苦心焦思，斥資辦理。無如整個環境之騷動，非一廠所能安定。夫以員工異動頻繁，視工廠如傳舍，而期出品質量之增進，其勢自屬不易也。

六、建築方面。本年成廠後，業務日繁，員工人數亦日增，廠房倉庫宿舍住宅，均須添建。且為確保機器及職工安全起見，增闢防空洞多處，除於空襲時容納員工避難外，並將重要機器移入山洞，照常工作。以往本廠各種房屋工程，因包商開價任意，漫無標準，故用自料包工辦法交商承建。自本年起，改用包工包料辦法，招覓殷實包商承建。各包商因物價激增，大多虧折，然皆以合同之拘束，不得不盡力支持，以期蕆事。又本廠遷渝四載，先後建築廠庫宿舍住宅等達兩百餘間，風雨剝蝕，時有毀壞，為修理便利計，乃另立營繕工程部份，自備工料，自行修補破敗，以收簡捷之效。下設工程隊及貯料間兩部，工程隊內包括泥、木、篾、石、小等各類工人，人數多寡視工作之繁簡隨時增減之。現有人數一百十一名，詳花名冊。每類工人設領工一人，負分配及督促工作之責，另派技術員一人董其成。貯料間設管料員一人，負一切建築材料收發保管登記之責。本廠廠區遼闊，部份繁多，請修工程日必數起，故營繕部份之工作亦相當忙迫也。三、福利方面。本廠對員工及其眷屬衣食住行樂育各項，冀以統籌方法，謀得合理之改進，故特設福利處專司其事，由各相關單位組織而成。今分述其工作如左：

0067

(甲)事業課。辦理軍粮之請領分發、員工生活必需品之支配核發、及單身員工食堂之經理事項。(乙)訓育課。主管員工精神生活之陶冶、住宅宿舍秩序之維持。計設有圖書室、郵政代辦所。並有歌詠團、話劇團、平劇團、國技班等組織，均聘專家担任指導。(丙)農場。除担任全廠掩護林之培植外，並盡量設法利用廠內隙地種植穀物及蔬菜、兼飼養豬雞等家畜，俾員工得以低價購食。計本年栽植全境竹樹十萬零零二百八十六株，經營地畝共一千四百六十市畝。(見附表)(丁)醫院。本年改組後，員工人數日增，就診者日眾。爰依編制添聘內外科醫生及護士、調劑師，並充實藥品及醫療器械以應需要。病人飲食之加改善。又增建病房及隔離病室。目前本廠員工患病療治及[illegible]

三

64

手術均予習醫務所向廠外求治矣。戍、子弟學校。依照教育法令及署定規程辦理。除收錄本廠員工子弟肄業外，並酌收廠外與能完童。學雜書籍文費概不收費（廠外兒童自備書籍）。現有教職員十七人，學生共六級。己、合作社　此為編制外之單位，係依合作社法組織成立。全廠員工皆為社員。除向衡桂兩埠採購日用生活必需品供給員工外，並自設印刷、縫紉、針織、製鞋、糕餅、等部。所有產品照本出售，以減少中間商之剝削。餘如理髮、洗染、沐浴、攝影等公用（合作）事業，亦陸續舉辦，以便員工。農場所產蔬菜肉類等副產品，亦由該社訂價經售。四、會計方面：甲、普通會計事務。本廠簿記組織概依會計法之規定，会

66

計科目，則遵照普通公務單位會計制度之一致規定及其會計規程草案辦理。本年度普通會計帳簿，曾增設分戶存欠備查簿補助登記一種。對於製造費用及耗用之材料，自本年起均劃清月份分別轉帳，俾與成本會計方面取得密切聯系。本廠各部份工友備金帳，係以團體備金另戶轉存銀行，自本年起，另設分戶登記（由出納課經辦），以便工友離廠時由廠方墊還備金，易於核對。此項工作籌備不久，不易見其事能否如期而蒇事。（乙）成本會計：本廠深知成本會計對於管理上之效用，於各部份均以此為共同之鵠的。惟成本會計事務至不簡單，而受設備及人力之限制，外復礙於物價之劇變，給予之修改及一部份料價

四

之不能及時結算。致使原始紀錄失其準確，而成本之比較分
析，淪於錯綜複雜，計算攤派之數字，遂難期其準確。
故本廠對於成本會計採取逐步推進辦法，俾能切合實際情形，
同時逐漸改善，以期接近理想之境域。茲將本年中所辦有關成
本會計之事項陳於左：一、確定各製造部份及作業部份工作之分
類登記辦法。本廠辦理成本會計，對於工資成本不能採取直
接分配，而用平均分配計算。因各部份工作之支配不能以恰當之工
友充任，如手藝精良工價高者與手藝較差工價低者常均製造
同一製品。其所以如此支配工作並非紊亂無序，實由於本廠機器
設備新舊懸殊，同時製造計劃亦有因材料之補充缺停，

至不得不以新機器駕駛簡易者（亦為生產效能較高者）派由低工資者操作，而舊機器駕駛繁複者（亦為生產效能較低者）派由高工資者担任。更為調節閒忙，常遣手藝佳者操作不重要之工作。故如採用直接分配法，反使成本發生極複雜之變化，不若求得平價以作增減比較，而易於理解也。乙、分析工時彙記所，由於前項之確定根據分製造及作業部份之報工表，將製造相同之工作彙記編表轉憑登記於成本匯記所。丙、成本匯記所之試行登記——根據原始領料單據並根據原始報工紀錄之彙記表，登記於成本匯記所之直接工料欄。此項登記僅係試辦，因當時分製造工作未予劃分各道工序（亦即每道製造工作）所登記之數字

五

0072

僅為供給日後辦理之道成本訂定之料之標準數字及作為估計成本之參考而已。4、耗用間接材料之部登記：此項記錄只係根據原始之領料單登記，用以彙記每部份所有間接料之領用數值，以為事後統計考核之資料，並供補充購備材料之參考。5、結算國外購進材料賬：本廠主要製品之材料、工具、機等均係購自國外，總值計按或為若干法郎，或若干鎊，又或按政為若干法郎、若干馬克，共合國幣（係照戰前匯率）或百法，按若干萬元，訂購合同約及一百種，數將達三十一，均按派專人辦理之事，費時半載，方能理清，分別設賬。6、結算舊存材料賬：本廠材料，除前條所述外，其餘大部份均為其

0073

他機關撥交、或其他案款內購辦備用、而因計劃變更轉行撥交亦有者。來源既已分歧，復經西遷搶運，易相混淆。是期內不易全部點數確計數量，故由材料庫逐項查點，分批整理，年底竣事。會計科為配合材料庫之工作，乃先從撥交材料之估定價格及確劃分其來源數量入手，從而計算轉撥他廠、遷移損失、以及耗用等之數值。本年底將可理竣。下（本年上半年材料收發之登記）因上述兩項工作未能早日解決，故此項工作亦只能分兩階段進行：（一）先登記數量；（二）後計價值（當時難估者，則依收獲之價值與數量併計）。迄卅一年三月底始行完成。又有關材料收發單據之設計，本廠為使材料庫易於帳存、易於查對及登記有

六

70

示準則起見，將收料單據分別為暫行收存（已經到廠而未經檢驗者）及正式入庫記帳者兩種。發料單據亦應分為撥付（價撥或借出）及領用。（自用自製造外製造）至附加於材料之運費，擬派另訂運費攤派表，使明細分類帳與總分類帳之聯系加強。9、辦公用品明細分類帳之設立。本廠每月辦公用品之消耗數值可觀，擬於本年度初即採用永久盤存制度，設立本帳戶，以登記各種類辦公用品之收發存量及價值。每月按領用量值記轉費用帳戶，使費用符合實際，對於管制物品數量及考核成本之準確，均有裨助。同時另定辦公用品領用量預算辦法，以供事前事後之

78

稗

0075

考核及所存數量之依據。(2)固定資產存用分部登記。本廠為準備清查全部固定資產,故將本年度購置者先行編號登記。凡本年購用或收存(已撥移轉)之各種類固定資產,概須填單以憑分別部份登記,而資查考各部份所存用之數量,並為日後編造財產目錄、彙登分類帳及計算分攤折舊費之根據。(3)其他會計事務——審計課及統計課之工作。本年度亦均有所增改設施。(1)審計工作 本廠建設經費係專案成立預算,按照實施計劃分配預算。所有預算項目之動支均須經事前審核,俾不至超越預算,影響各項事業之進展。至製造經費,因製造計劃受材料供給之影響,常

七、

72

有若干變更，故預算尚未能成立。本廠對製造費用之事先審核，係依一切物料之原始請領單，予以需要之程度，及本廠之財力，與之核實照發，或酌予核減，以使財務調度及所需要均能顧及，且更可減少一部份之浪費。至備訂預算性另用金之報核辦法。一、本廠之另用金可分爲（一）購置另用金（二）伙食另用金（三）支付工資、儲金、旅什費另用金。上列三項，除二項較爲單純外，一、三兩項支付頗繁，故核報手續之須分別規定，俾不影響採購支付之時期下，仍能保持有效之牽制作用。至薪工計算課依照所訂俸給計算單據。本廠任用職員，未奉准前須事先到差，再爲補辦手續，於先行到差期中之薪俸，須按照

6 統計一

5 出納

0077

借支標準批付及委准後再行補足，故欲逐月編造薪俸證
明冊至感困難，經另擬俸給計算單，採用活頁裝訂辦法，使
收據計算單合併為一，且更以副張作為領取薪俸之便查，
使領受人員詳悉其淨收金額之計算由來。試办工時工資分析，
為欲配合成本計算方面之資成本之計算，特于五月份起試办
工時工資分析彙記，及卅一年初創正式根據此種彙記攤算工資成
本矣。五、出納方面　本廠出納與會計部份劃分辦理，所有現
金證券等收納保管均遵公庫法規定辦理。今將本年度本
廠收支情形列如附表。六、統計方面　本廠鑒於統計工作之重
要，於三十年六月一日在廠長辦公廳之下添置統計室，試辦本廠

八

7廿

各種業務統計及製發全廠人員等身份證證章符號翻感
統計業務須具有超然性，俾賦予考核審查各部份工作之權
乃於七月間改訂組織編制時呈准增設統計科，直屬廠長，該
科於九月一日成立，因事屬草創，一切無成規可循，則與其
他單位聯繫配合自難得密切，嗣後統計人員羅
致不易，致人手缺乏（六人至八人），歷史誠短，情形亦對於業務
推行不能有多大之開展，茲特卅年度該科重要工作報告
如次：甲、調查各部份業務狀況，編繪及人事統計圖表，其類別
及數量如附錄表。乙、製發卅年度本廠人員工人等身份證證章等，計
辦計十五種。丙、設計卅一年度本廠員工人等身份證證章

0079

0080

符号式樣計有三種。七、礦運方面：甲、國外採礦：本年度因歐戰關係，若未向歐洲各國訂購器材，祇請中央信託局向美國代購工具磨牀四部、光軸機一部及工具一批，現尚未交貨。另有少數材料，請大陸華行在香港接購，交航空公司運渝。乙、國內採購：本廠所需各種五金料大都購自外洋，至所需附料亦大部係呈請兵工署撥發，其餘少數另星雜料均在渝市採購，但其中因缺乏現貨無法購得者，或祇有少數現貨不能依照原需要數量購足者，亦屬常有之事新理採購情形，感覺困難，而陸路運輸：本廠原有卡車七輛，于去年七月間被炸毀一輛，嗣又添購新車兩輛，實際共有卡

九

76

車八輛行車馳昆渝及赴下關保山等地裝運急要材料回渝
至大部份材料仍擠存滇緬川滇兩綫各埠由西運處代運
截至去年十二月止本廠分存保山下關昆明馬龍宣威各地待
運之材料計共壹拾餘噸又解繳成品、本廠所有成品均
專庫保管均根據令分別利用自備卡車船隻裝運解
繳指定之軍械庫或友廠以求迅捷下水路運輸、本廠
原有大小駁船各一艘凡向在渝各廠處庫領運材料大都
利用之如裝運大批材料即向駁船公會租用船隻至由瀘
州裝船運渝之材料均以海棠溪或民生公司各囤船為
終點仍須另派駁船接運回廠

79

0081

八、文書處理——本廠文書處理程序，可分述於下。甲、收文遞送順序：經由收發室登記送秘書室轉送主管部份核簽，遞送關係部份會閱後，經由主任秘書呈送廠長批示。乙、辦稿及簽判：凡須文電經主管或關係部份簽畢，及廠長批示後，凡須簽覆者，即由主管部份承辦文書人員（照附文書處理程序表）辦稿，送有關部份會簽，再行呈判繕發。丙、歸檔：凡發出文電稿件，及收到文電，僅備存查毋須辦理者，統由收發室按日交檔案室歸檔。凡廠長指定專人保管之機密及其他重要文件，概不經檔案室。惟該項文件如於收發文簿列號者，仍應由保管人將號數、文別、件數、收發日期及來去機關等通知檔案室備查，以利於案卷之編藏。

78

检取调阅整理等详细办法，均有规定，（见档案处理程序表）（戊）法规纂拟 各部份就主管业务草拟或修订各项单行法规，以本厂名义发行者，须经秘书室审核后呈由厂长批准交秘书室办厂令公布，至各单位所行之法规，限于各单位内部使用者，可不经上项手续。（己）会议纪录 凡厂长及主任秘书召集之各种会议，均由秘书室派员纪录。（庚）译电及密码之保管 收到或发出之电报，由译电员随时递译，遇有急电，虽在例假日及办公以外时间，亦应递译，分别呈阅拈发。所有密码本除特种密码外，概由译电室负责保管。（九）人事动态 三十年度本厂人事异动情形，可分两方面简述于下：甲、关于编制之两

0083

度修改。按兵器技術研究處前經一次修正之編制，於二十九年九月二十日奉　准施行。三十年元月一日奉　令改稱本所，正式出品業務擴充，爰依照兵器技術修正編制添用人員，並將原有人員分別呈請改委調職。復同年七月一日所編制奉　准施行，適復為再度之調整。因機關本身頗有蛻變，人事異動遂亦不免較劇。年度告終呈請改委調職之案件，計奉核下者有多起。乙、關于人員之進退。本年生活指數日高，本所職員待遇按於規定無法與環境相適應，少數意志不堅份子遂多見異思遷，不能安心工作，此為人事波動之大原因。計本年離職人數達一百五十餘人，新進人數達二百四十餘人（名單姓名履歷見附表）。

丙、稽查警衛　本年度改所後員工人數激

80

增，为配合事实需要，于本年元月依照编制成立稽查室，初仅人员二三人，工作不易开展，嗣陆续补充至十人，并为分工起见，将稽查室划为室本部与稽查区，室本部分内勤外勤两组，稽查区分门卫、厂房、职工宿舍、工人宿舍四区。各派稽查人员负其事，从此全厂各地皆为稽查力量之所及。同时办理户籍调查、漏夜巡查、门卫检查、便衣侦察以及来宾会客留宿登记等事，厂内秩序日趋就范，偷漏之风亦稍敛矣。本厂警卫依照编制为一大队，计下设两中队六分队及消防队。因兵源补充困难，本年仅成立　中队　分队。自士兵粮饷划分，兵率厂中辟地自种菜蔬，

以財物保管

0086

0085

以為副食之補助，公家每月發給定量油鹽及食料。士兵營養方面均較前增進，訓練亦易著手，此其四也。提倡隊內早戒，為納其成。清潔衛生亦較中法之整齊。其容易消防，撫衛受訓，以四隊担任訓練，現有消防人數火災四架，手壓，加以練習，俾收有備無患。

其二、財物保管：除製造工廠所需機器物料，由材料課保管外，其他各種財物概由事務課負責保管。自本年度起，按部份或個人為單位分別調查，詳為登記，人員辦成。須將所用之財物移交繼任人員，或繳回原領部份，或移交繼職人員辦理轉戶手續，俾責任分明，而免推諉之弊。

本年起由謝方理

公用部分之請購數量亦應有詳細規定，每三個月以個人為

單位造列預算，以單位經主管核簽後送存事務課，度一則

作為事務課審核各機關請購之根據。

請購，發領用時，將來稽核時應注意範圍，由該課發領用單

請領。如有超出數量，須陳明特殊理由，經部長批准外，請勿發給。十二、其他

庶務之處理，如雜務工之訓練，渡船、汽車之管理，來賓之

招待，會場之布置，均由事務課指派專人辦理。

83

希望充實及改善事項

一、關於專用材料之購儲　甲、查製造所需之專用精製鋼鐵銅類，以及化藥物品等，來源大多仰給國外，值此世界全面戰爭之際，採購不易，業經當局統籌供給。惟仍希視各廠需要情形，酌予提前採購。乙、從前兵工器材，均向歐陸採購，尤以德國為多。現均改向美國採購，規格互異，各廠請購時，常須加以配合，惟購料機関對於各廠所定規格，似未能盡予調整，致材料規格標識，有欠顯明，各廠配合應用，較感困難。以後希望統購機関予以注意。

0088

二、關於器材之運輸　現在所有運輸概由政府統籌辦理。關於兵工機器材料，希望能優先運輸，並每批盼能均勻搭配，庶免製造工作因待某種材料而停頓。至本廠急用材料，有自辦運輸之必要者，尤盼能予以便利。

三、關於人事方面　甲、本廠錄用人員，呈請上級機關核委時，擬請從速核示，俾階級早日確定，可以安心工作。乙、本廠人員年資屆滿，依例請升時，希望上級機關審核稍從寬大，並對於工作努力考績優異者，能准通融擢升，以繫人心，而符政府任使長才之

55

意。丙、各廠職員待遇，希望能與外界有平衡之調整，弗使相差過遠，引起人事上無謂之波動。

四、關於會計方面 甲、凡經費預算，經奉核定，其在範圍之內支用時，似可稍予伸縮之自由，對於各項目之支付分預算等之繁複手續，擬請免除，俾速事功。乙、出品成本之計算方面，因工廠管理人才之缺乏，及設備之簡陋，對於消耗及生產之紀錄，難期準確，以致成本會計之辦理，深感困難。且現時應用之材料，必須統籌支配，以有限經費，經轉撥之單價，未能隨時得悉，影響材料成本之計算。更因撥給規則之互異，及物價變動之

0090

劃一，使成本之核算及比較，極為不易。擬請制一核給辦法，規定統一核算標準，同時對於工廠管理人員，希能加以重視，提高待遇，安定其生活，並予以訓練，以增其工作效率。

兵工署第十工厂为编造一九四三年度建设事业计划纲要表致兵工署的代电（一九四二年七月七日）

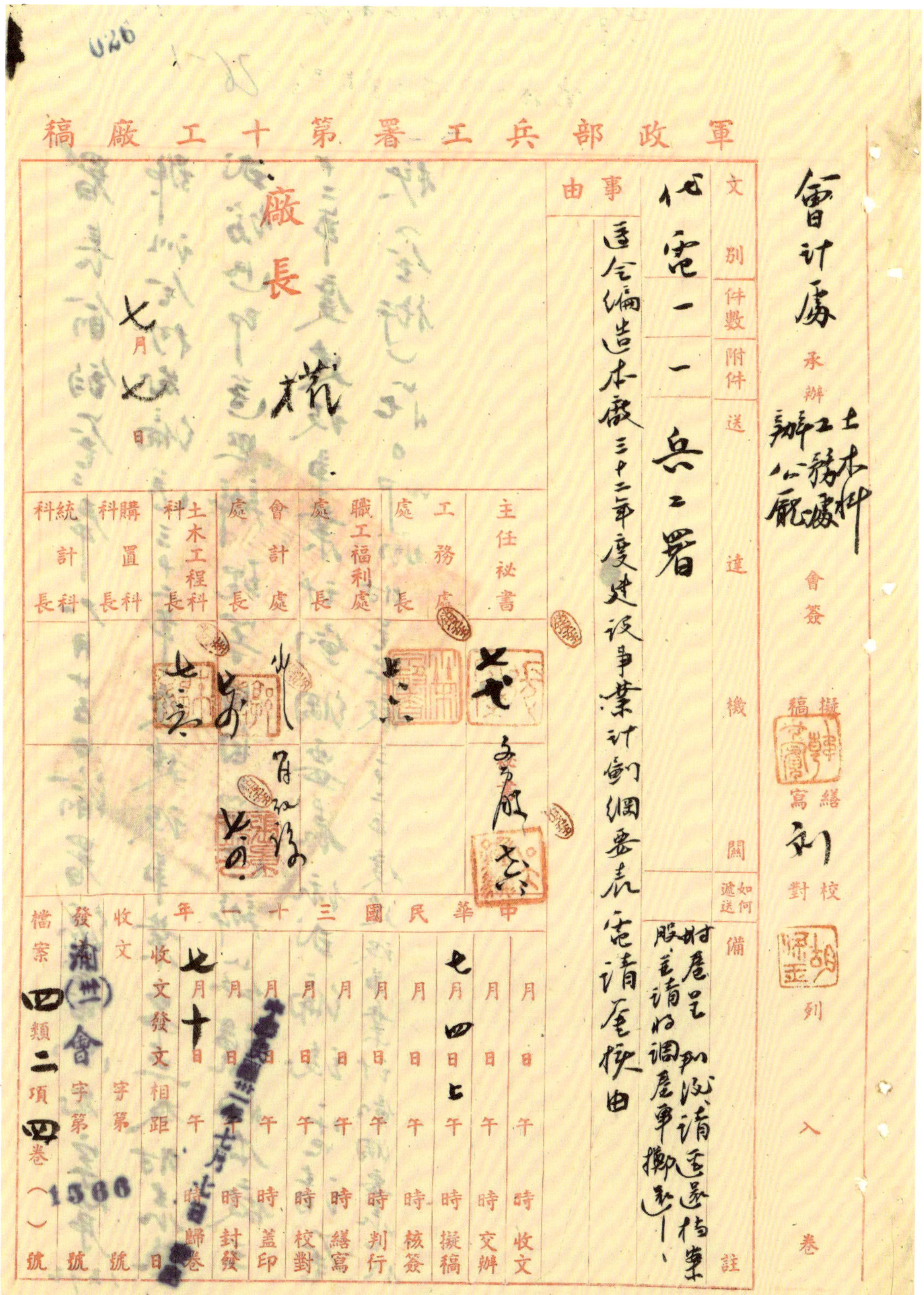
軍政部兵工署第十工廠稿

文別：代電
件數：一
附件：一
送達機關：兵工署
事由：遵令編造本廠三十二年度建設事業計劃綱要表電請鑒核由

會計處
承辦：土木科 工務處 辦公廳

廠長
七月七日

主任秘書
工務處處長
職工福利處處長
會計處處長
土木工程科科長
購置科科長
統計科科長

中華民國三十一年
收文 月 日 午 時
交辦 月 日 午 時
擬稿 七月四日上午 時
核簽 月 日 午 時
判行 月 日 午 時
繕寫 月 日 午 時
校對 月 日 午 時
蓋印 月 日 午 時
封發 月 日 午 時
歸卷 七月十日 午 時
收文發文相距 日
收文 字第 號
發文 渝(卅)會 字第 1566 號
檔案 四類 二項 四卷 （ ）號

2/3

26-1

署長俞鈞鑒：本年八月廿五日渝署總審世字第1272號訓令抄發編送三十二年度建設事業要點及附表格式，飭即遵照辦理等因；自應遵辦。茲謹將本廠三十二年度建設事業計劃綱要表依式編就，電請鑒核。全銜、莊○叩陷

附呈本廠三十二年度建設事業計劃綱要表一份

會計處

027

核

請 工務處 土木科 閱後 呈

軍政部兵工署第十二廠三十二年度建設事業計劃綱要表

計劃項目	計劃摘要	部份經費 國幣	部份經費 外幣	部份 借用 租貸	備攷
廠房建築	添建37cm彈頭製造所一座 70x10 m.	五〇〇〇〇〇〇〇		1 2	
	6cm迫砲彈木工棚廠一座 6x20 m.	二六〇〇〇〇〇			
	6cm迫砲彈焊工棚廠一座 6x20 m.	一四〇〇〇〇〇			
	添建製造6cm迫砲彈工人宿舍四座	一〇〇〇〇〇〇			
	添建庫房三座	三五〇〇〇〇〇			
山洞建築	完成以前開鑿之山洞襯砌工程	二五〇〇〇〇〇〇			
機器購置	添購製造6cm迫砲機器	八二二〇〇〇〇〇			
	添購製造6cm迫砲彈機器	三四〇六〇八〇〇〇			

27-1

添購動力機	一五〇〇〇〇〇〇	
共計		九二二〇〇〇〇〇

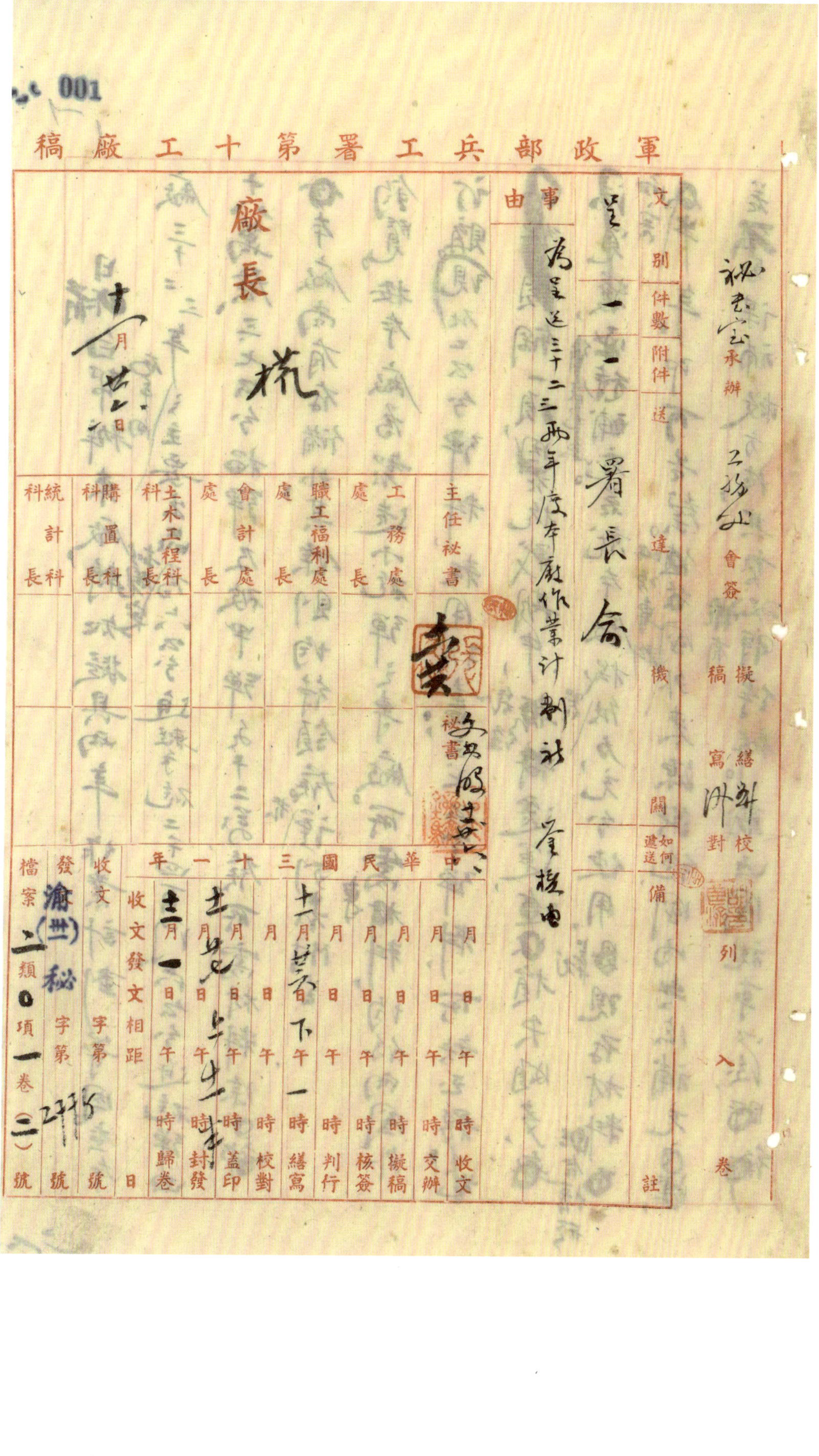
軍政部兵工署第十工廠稿

文別：呈

件數：一

附件

送達機關：署長俞

事由：為呈送三十二三兩年度本廠作業計劃祈鑒核由

廠長 （簽名）

十一月廿六日

主任秘書

秘書

工務處處長

職工福利處處長

會計處處長

土木工程科科長

購置科科長

統計科科長

承辦 會簽 擬稿 繕寫 校對 列入 卷

如何遞送

備註

中華民國三十一年

收文 交辦 擬稿 核簽 判行 繕寫 校對 蓋印 封發 歸卷

十一月廿七日下午一時

十一月廿七日午十一時半

十二月一日

收文發文相距 日

收文 字第 號

發文 渝（卅）秘 字第 號

檔案 二類 0項 一卷 （二）號

兵工署第十工厂为报送一九四三、一九四四年度本厂作业计划致兵工署的呈（一九四二年十一月二十七日）

日前白帮办来厂，转知拟具两年作业计划等因。查本
厂三十二、三年之主要出品拟规定为六公分迫击炮二十四百门、六公分迫炮弹四
十八万发、三七公分榴弹及破甲弹各十二万发。所需材料，除一部
份本厂尚有存储外，其余则均待领发，兹谨列表附呈
钧览。按本厂为制造小炮弹之专厂，所需专材料，均系向国外
订购。现存七公分弹料，耗用殆尽；三七公分弹料，所缺至巨；
以致钢铜一项，因在抗战期中，经辗转迁运，途中损失颇多，每
待觅获补充。若就本厂机器能力，充分使用，与现存材料配合情形
而言，本年年底即可告罄。此项专材值兹国外来源断绝，国内无法补充之际，
若不另谋补救方法，其势必将停办。职以国视事以后，将

世局，早慮及此，輾轉籌思，探求其要，隨時利用現有之機器人力，改造其他出品，以應抗戰之需。故今春毅然接受籌製迫砲及砲彈之命。（不宜用以作整本廢工作之也）刊載以來，積極籌備，所有可出品各種機料，經努力搜集，其中欠缺尚夥，均待補足。至此項新出品之計劃，係以兩年為標準，每材料之準備搜集，亦以此兩年為依據。蓋本年工作重心，將由小砲彈而轉入於迫擊砲彈，又以一切工具、樣板等之設備，頗費經營，非易若時期短促，不及兩年，所耗甚大精神財力，實無意義。[illegible]在心，進退實於抗戰期中悍現，故敢言利用現有機械人力，當此極需，藉使本廠之機力人力，利用[illegible]跟辛創立之本廠，趨於崩潰，並志徽[illegible]

36

2—1

垂察。表列内所列各料，拟恳

准予照数补充，以利事功，至深祷仰。又三十三年以后本

厂出品问题，并恳

钧署於三十二年夏间早予规定，俾可从容筹备，并此附陈。

谨呈

署长俞

附送作业计划一份

全衔 庄。

3

兵工署第十工厂工务处第七所一九四二年度工作报告（一九四三年一月五日）

018

工務處第七所三十一年度工作報告

119

報告　卅二年一月五日　於第七所

謹將職所三十一年度工作概況臚陳於后敬請

鑒察

謹呈

處長 榮　轉呈

廠長 莊

職 鄒昱 謹呈

報告項目

(一)人事　甲.職員　六二人

(二)出品

(三)用料

(四)技術方面之改進

(五)設備方面之增添

(六)管理方面之改善

(七)機器開動狀況

(八)三十二年度之興革意見

(一)人事

甲、職員

職所現有技術員二人事務員三人各員職務分配詳列下表職所工作繁雜部門分散以現有職員人數已感人手不足如再增新興工作則須加添人員

第七所職員職務分配表

31.12.

職務	姓名	職掌
所長	鄒昱	總管本所一切技術及行政事宜
技術員	虞政	掌管引信裝配一切技術事宜並兼管工具之設計
	陳光祖	掌管彈殼及全彈裝配一切技術及管理事宜
事務員	譚隆文	掌管本所收工及文件收發并兼管材料工具之收發及保管
	王秀蘭	掌管縫紉及銅売裝藥等一切事宜
	王子安	掌管裝箱白鉄木工及處理銅殼等一切事宜

120-2

乙、工人

職所目前共有工人九十六名其工作分配詳列下表一年來工人總數時在九十八上下

第七所工人工作分配表

31.12.

工作類別	工別	人數	合計
引信裝配	大	二四	二九
	學	一	
	小	四	
彈頭（及全彈）裝配	大	二二	三〇
	學	二	
	小	六	
縫紉及裝藥	大	一	二四
	女	二二	
	小	一	
裝箱及白鉄	大	一〇	一三
	學	〇	
	小	三	
總計			九六

021

變動不大每月人數詳列下表過去工作各部時忙時閒因之工人亦互為調用如每部工作經常則現有人數仍感不敷分配

第七所三十一年每月工人總計

月份	一	二	三	四	五	六	七	八	九	十	十一	十二
人數	89	90	90	89	89	88	88	87	86	90	96	96

(二)出品

職所卅一年度完成之主要成品及半成品數量詳列下表

(三)用料

甲、正料

卅一年度用去之主要正料數量與預算數量列表比較於后此預算數係按照全年所完成之出品數量應當需用者而估計之

1211

二、副料

三十一年度用去之主要副料數量與卅年度者列表比較於下：

第七所卅一年度主要副料用量與三十年度用量比較表

主要副料名稱	單位	三十年度實用數量	三十一年度實用數量
火油	罏	6.90	1.75
汽油	〃	30.00	
灯泡	隻	33	8
鋸条	根	156	171
蔴花鉆	支	228	243
砂布	張	222	317
砂紙	〃		48
焊錫	公斤	184	443.4
凡士林	〃	52	60

121-2

第七所卅一年度主要正料實用數量與預算數量比較表

品名 \ 項目數量	預算數量	實用數量	單位	備註
#5 鉛皮	5400	5265	公斤	
白薄綢	400	354	疋	
草綠帆布	117	116	〃	
白線	——	376	團	以各所請製品縫製無定不能預算
草綠線	——	1354	〃	仝上
草綠紗帶	426	400	把	
揿扣	20000	21340	粒	
黃銅皮	480	369.4	公斤	
小粒黑藥	600	520	〃	
2cm德造無烟藥	8400	8366	〃	
2cm博福斯無烟藥	1000	983	〃	
Dupont 槍藥	480	476	〃	
3.7管狀無烟藥	7140	7183	〃	内有試砲用者
3.7(黑)帶狀無烟藥	——	85	〃	試砲用
3.7綠(帶)狀無烟藥	——	34	〃	〃 〃 〃

第七所三十一年度每月完成之主要出品數量表

出品/數量/月份	蘇式二公分曳光榴彈	蘇式二公分榴彈	蘇式二公分全曳光彈	蘇式三七公分榴彈	歐式二公分榴彈	樣品 三七破甲	樣品 三七榴彈	樣品 二公分破甲	樣品 二公分榴彈	四七公分海砲彈	三七公分填沙榴彈	三七公分破甲彈	歐式二公分空包彈	蘇式三七公分空包彈	三七公分俄式引信
1	4,900	28,367	900	—	—					400	—	—	—	—	—
2	1,000	9,972	4,206	—	—	10	10	10	10	—	—	—	—	—	—
3	9,424	5,010	9,940	—	—					—	—	—	—	—	19,200
4	8,044	10,082	—	824	5,002	—				—	—	—	300	200	3,800
5	103	7,118	—	1,637	4,021	—				—	—	—	—	—	—
6	—	—	—	2,549	—	—				—	—	—	—	—	—
7	1,440	7,000	5,000	330	6,320	—				—	—	—	—	—	400
8	4,934	11,797	—	—	10,000	—				—	—	—	—	—	—
9	5,352	15,000	—	—	9,982	—				—	—	—	—	—	—
10	15,829	25,043	—	—	15,200	—				—	—	—	—	—	3,200
11	9,153	2,350	5000	—	—	—				—	—	—	—	—	8,834
12	80	2,690	—	29,660	—	—				—	500	40	—	—	15,466
總計	60,259	118,429	25,046	35,000	50,525	40				400	500	40	300	200	50,900

31. 12. 31. 填報

022

第七所三十一年度每月完成之主要半成品數量表

品名 數量 月份	蘇式二公分 葯袋	歐式二公分 葯袋	蘇式二公分 鉛皮箱	擦槍器 布袋	擦槍器 油壺	八号雷管 鉛皮箱	俄式引信 鉛皮箱	蘇式三七 鉛皮箱	歐式二公分 鉛皮箱	蘇式三七 葯袋
1	17100	900	933	3000	2740	—	—	—	—	—
2	30550	3500	316	3560	2688	50	—	—	—	—
3	15880	16000	632	3900	2109	—	70	—	—	—
4	15950	5322	366	2700	2408	—	23	175	200	—
5	8100	11500	312	1900	1573	25	—	135	180	—
6	1500	10800	—	6280	3181	25	—	227	—	—
7	7100	7300	—	—	382	125	—	65	24	—
8	11200	—	292	—	1673	—	—	—	217	—
9	17700	10640	691	—	1740	—	—	—	611	—
10	17995	2010	928	—	571	—	—	—	412	—
11	14389	23694	300	—	1004	—	21	718	—	2852
12	—	2410	—	—	—	—	53	2256	—	30366
總計	157464	94076	4770	21340	20069	225	167	3576	1644	33218

31.12.31.填報

四、技術方面之改進

甲、裝箱檢驗　彈藥裝箱須絕對氣密以防受潮故本廠出品均以鉛皮箱銲封但鉛皮箱銲封後如不經檢查太半漏氣因此職所自製打氣設備每箱經過檢驗裝箱一項是較可靠也

乙、引信捲口　抽彈引信裝盒片後即行捲口查外來之捲口工具不佳經職所數次改進乃得較優之結果

丙、歐力根二公分砲彈連發問題之解決　開始出品時常有不能連發者經多次試驗將銅壳底部形狀改變後後毫無故障矣

丁、擊針塗膠之改進　擊針係鋼製最易生銹故須塗膠以防之而過去之塗膠法雖不易生銹但不能經久漸次改良迄今係仿法藍法塗膠結果更為進步

戊、二公分練習彈之完成　練習彈連發頗為困難經多方研究仍以木彈頭製成連發至為順利

124-1

五、設備方面之增添

甲、添置車床一部　職所零星工具甚多，時有損坏，如按照手續送他所修理，頗費時日，有誤工作，因之曾請撥給圓車一部，可隨時修配工具，對於工作便利非鮮

六、管理方面之改善

甲、工具材料集中管理　職所部份（份）較多，過去材料工具之管理不甚專一，自本年度改為集中管理，由所本部保管收發，各部需用時列明請領，如此似較嚴密，庶不致有浪費而支漏也

乙、燈泡之管理　廠內各部燈泡均由工人簽名具領（在某處工作者即領某處所需之燈泡），此法實行後，從無遺失

丙、工作安全管理　有葯之工作均屬危險，尤在暑期更形不安，凡作危險性之工作者須以特別方法管理

本年度職所對此格外留意，結果是較往年為佳

025

（七）機器閒態狀況

職所工作手工居多，現有機器亦少，工作經常時機器能力將足，且粮穿機能力不够，故無閒態者。

（八）三十二年度之興革意見

甲、技術方面：

A、三七銅殼外觀之改善——上年三七砲彈之出品，銅殼未加工，外觀不佳，自本年度起擬與第一所會商改良。

B、研究裝箱不用鉛皮——鉛皮來源斷絕，存儲將罄，今後裝箱大成問題，如能研究得一代替之法，對於裝箱實一新貢獻耳。

C、出品求確實精緻——出品數量自然愈多愈佳，但多則易乱，鄙意以其過多，不若力求出品確實精緻，而於廠譽增光也。

乙、設備方面：

A、縫級部廠房擴大——現有廠房甚小，工作人已感擁擠，擬另請擴

1251

大

B.射擊場地皮收回——射擊場位在廠外一切感不便且修築之路為外人損壞似將地皮收回為妥

C.完成射擊場設備——目前射擊場設備簡單所有射擊試驗時感不便擬在今年內將各項設備逐一完成

026

第七所卅一年度主要正料實用數量與預算數量比較表

項目／數量／料名	預算	實用	單位	備註
5# 鋁皮	5400	5265	公斤	
白薄綢	400	354	尺	
白綫		376	團	因各所請製品種類無定不能預算
草綠帆布	117	116	尺	
草綠綫		1354	團	仝上
草綠棉紗帶	426	400	把	
按扣	20000	21340	粒	
黃銅皮	480	369.4	公斤	
小粒黑藥	600	520	箱	
2cm德造無烟藥	8400	8366.5	〃	
2cm博補斯無烟藥	1000	983	〃	
Dupont槍藥	480	476	〃	
3.7cm管狀無烟藥	7140	7183	〃	內有試砲用者
3.7cm帶狀無烟藥		85	〃	試砲用
3.7cm絲帶狀無烟藥		34	〃	〃 〃
—				

1261

第七所三十年与三十一年主要副料消耗比较表

料名 \ 年份 消耗量	30	31	单位	备註
火油	6.9	1.75	𠱁	
汽油	30		〃	
焊锡	184	433.4	公斤	
凡士林	52	60	〃	
灯泡	33	8	只	
鋸条	156	171	支	
砂布	222	317	張	
砂紙		48	〃	
麻花鑽	228	243	支	

第一所三十一年度工作報告

（一）人事

甲、職員　本所一年來職員之更動狀況列表如後：

職別	本年度已離職人員	本載人員	更動日期
所長	朱昌欽	姜明浩	朱昌欽於八月一日離職 姜明浩於七月廿日到職
技術員	洪錫範	徐立康	洪錫範於四月廿一日離職 徐立康於十月十三日到職
事務員　技工	王正信	卜廣成	王正信於九月一日離職 卜廣成於十月十三日到職
事務員　收發		梅慕周	梅慕周於一月廿九日到職
事務員　兼管理	李嶸淵	楊昌廷	李嶸淵於十二月十四日離職 楊昌廷於十二月廿五日到職

按之目前狀况、本所尚須增添技術員一名、

59-1

乙、工人

本所本年来工人之增减状况概分五期列表如后：

工别		三十二年度年初工人人数	三月底工人人数	六月底工人人数	九月底工人人数	十二月底工人人数
技工	钳	2	2	4	4	4
	车	9	10	9	7	7
	烘	5	5	6	7	6
学工		5	8	7	11	20
小工		40	38	40	42	47
合计		61	63	66	71	84

按照三十二年度作业计划本所应造之主要出品计有三公分迫击炮弹壳十二万发，信号弹壳廿四万发，盖二者为数较多，其他附属之工作品亦属不少，

屬於二公分與三七機器或將同時兼用，並兩種機器同時應用，現有工人即感不敷分配，尚須添增較好手藝之技工四名（車鉗工不拘）及小工廿名。

（二）出品

本所三十一年度完成之主要出品列表如後

成品名稱	全年完成出品量	送驗量	合格量	不合格量	不合格品修好品量	單位	附註
三公分七美式銅殼	四、二三	四、八五	三、八二	一、〇三	〇七三	萬發	
二公分美式銅殼	二七、五一	三〇、七八	二二、三九	八、三九	五、九九	〃	
二公分歐式銅殼	一〇、〇二	一一、一六	八、三五	二、八一	二、五五	〃	
二公分普米紫銅管	五九六一	五九六〇	五九六一	—	—	只	系第二所

依照上表所列，看有全年送驗量多於全年出品量者，此由於三十年度積

60-1

存之原全拉铜壳经于三十年度继续整理出之故、

(三)用料

甲、原料　本所三十年度用去之主要原料，计有三七铜饼、二公分铜饼及10m/m紫铜板三种，兹将其全年用量列表如后：

原料名称	用途	全年用量（公斤）	合成品数	附注
三公分七铜饼	三七高式钢壳	三七〇九二、二五	四八七六七	每吨合一千八百只
二公分铜饼	二公分高式钢壳 二公分战式铜壳	四六四五〇、〇	二六一九七八	每吨合五仟六百四十只
10m/m紫铜板	二公分导带紫铜管	三六三二、二五		

内二公分铜饼三十年度全年出品量，多于全年原料用量，盖由于三十年度尚有多量半成品积存之故。

乙、副料 三十年度与三十一年度用去之主要副料用量列表如后：

款别	名称	三十一年度用量	三十年度用量	单位	附注
润	红车油	四七	〇	公斤	
	轻车油	一六八	一二五	gal	
滑	蓖油	二五五	一六八	公斤	三七钢壳收收时作润滑剂用
	黄牛油	六七	二三	仝	
剂	凡士林	七五	六五	仝	
洗	汽油	〇	三五	gal	
涤剂	代火油	八八	一七	公斤	三七钢夹除螺丝用
冷	机肥皂	一三〇	小车类 六五三〇八	公斤	

61-1

剂部				
肥皂	一九四九		联	水肥皂缺货，改用肥皂代替
硫酸	二八四五	二四七	公斤	
块煤	九八六二〇	一三〇四〇	仝	自三十一年度起改用煤气发生炉
钢锯条	五四	一五	支	
砂布	一四六	三八	张	内有修理铜壳一批用砂布较多
灯泡	四二	一八	只	

附注：上表所列三十年度之主要副料用量，为拾个月之数字，内缺三四两月。

三十年度与三十一年度出品不同，工作情形亦殊，有区别，故以该两年度所用副料互作比较，以察损耗程度，殊不确实。

（四）、技術方面之改進

甲、關於二公分歐力根銅殼方面——試造完成正式出品。

二公分歐式銅殼於三十年度開始試造，先向對於應用工具之尺度與形狀、机器之夹具與設備及其操作程序等，參照實際試造情形，多方添設改進，迄三十一年度始告完成出品。

乙、關於二公分桑羅通銅殼方面——質量改進，廢品減少。

二公分桑式銅殼業在三十年度之正式出品，惟效率較低，產量不多，銅殼本質欠佳，表面屢多麻點凹痕，廢品率佔百分之十以上，且工具之損耗率高，殊可觀，自三十一年度起於机器設備及工具等多有改進，效率漸見增加，由每月產量之二萬發增至六萬發，表面之麻點凹痕已除，廢品率已低已降至百分之二弱

621

工具之损耗率亦见减少。

丙 关于三七公分苏罗通钢壳方面——机器修整正式制造。

三七公分苏式钢壳于三十年度虽已开始制造，唯为时甚暂，数量亦少，制造机器时生故障，机件每多损坏，修理不易，改将机器机构多予改良，应用甚随时修改，于三十一年度十一月中自行研究成功，达到每日一千发之规定产量。

丁 关于煤气发生炉方面装成应用，煤气质量改进。

煤气发生炉由第十厂协助装成，于三十一年度三月开始使用，唯係初装，负责机构未能尽其效用，採用燃煤亦未臻上乘，致所发煤气甚为恶劣，量亦不足，当该时三七钢壳炉口平均须上下炉达三十次，方可炉红。经逐步改验改进，至目前止，所发煤气已极优良，量亦增加，现时三七钢壳炉口祇烧

一次或二次即可獲知煤氣之成份及發生量之準確數字以資精密分析需未計一時

無法測知）

戊、關於焊口回火方面——煤氣焊口機與煤氣回火爐之啓用及改進銅殼焊口之改進

銅殼焊口本用電爐，耗電既大，能力太低，經之未能與其他各機互相配合，改用煤氣焊口機，於繼裝就，改用煤氣焊口，能力均較正常，煤氣回火爐亦經裝成，以現用煤爐尚足應付，故未經啓用。

（五）設備方面之增添

甲、添裝煤氣發生爐一座——該爐所發煤氣，係供給本所銅殼焊口、回火及第二部破甲彈尖淬火回火之用。

乙、添裝煤氣焊口機二部——一部為二〇公分銅殼焊口機，一部為三七公分銅殼焊口機，

63-1

丙、漆装煤气回火炉一部——钢壳回火用

丁、漆装钢壳浸渍试验设备一套——该项设备系试烧口抗，试烧钢壳之口部试受力是否均匀，有无裂纹等之弊。

（六）、管理方面之改善

甲、设立成品半成品收发机构——对于成品半成品及修品之点验，分类保管与处理及各种制品数量之登记与统计，均有专责办理，于工作进度便于考核。

乙、设立半成品成品检验机构——每种制品之各道半成品及完工成品，按照实际情况，分别派专人负责抽验或全验，使半成品成品之尺度等质有不合之处，随时交至处理，以减少无谓废品，且可使责任专一，致工准确，不致发现疵病，互相推諉，無法考查。

丙、编製本第一號办事細則，擬定各種應用表格——製定办事程序，劃分办事权限，使工作人员有所依循，不致無所適從。

丁、撰编各机使用说明——參照说明书实际使用所得经验，编订各机使用说明，以利管理。目前关於煤氣發生炉之試炉、開炉、熄炉、停炉、管理说明以及安全法規等各法均已草擬完成，其他各机之使用说明正在继续撰编中。

戊、清查机器附件，编訂机器现存附件表——參照机器订購合同清查现存机器附件，编定机器现存附件表，以免日久散失，無從查兑。

己、整理各種案卷单表——將第一號開办以来之各種有保存價值之案卷单表分門别类，整理装订，俾利查考。

064

641

七、机器间歇状况

甲、二公分钢壳机——二公分钢壳机能力不一，有的能力甚强，有的能力不甚，故不能一概而论，且当二公分出品改变制造三七钢壳时，该机即全部停歇，故其全年平均机器间歇时间约估该种机器之全部开动时间百分之五十。

乙、三七公分钢壳机——三公分七钢壳机其初以机器发生故障，停歇殊久，其后一经修复，赶交出品，又嫌能力不够，加开夜工，唯以全年平均计算，机器之间歇时间约估全部开动时间百分之七十。

丙、煤气发生炉——煤气发生炉于二月份开始应用，经常除清理外，停机之时间较少，该机全部间歇时间约估开动时间百分之廿。

（八）三十二年度工兴革意见

C

關於技術方面

甲、試造信號彈殼——按三十二年度作業計劃，本年度當須添造信號彈殼，該彈殼以往並未造過，故須逐步試製。

乙、試造三公分麥特森銅殼——麥特森銅殼於三十一年度由作業課發給工作令之試造，雖非主要出品，唯一切設備工具業已開始準備，故擬於三十二年度試造完成之。

丙、試造三七山砲銅殼——三七山砲銅殼係作三七砲彈道試驗用，須於上半年度製造成，俾給。

丁、三七蘇式銅殼製造之改進——三七銅殼於三十一年度雖已正式出品，唯銅殼本身常有未能合乎全部規定之要求者，除主要尺寸外，有一部分尺寸與規定仍稍有出入，表面亦未能十分光滑，且製造時與量規校對可謂困難叢生，稍一不慎，即有產生大量廢

65-1

品之可能，發生原因：

一、無適當作用外國來工具，所造之半成品不一定完全可用，且有可能成為廢品者，

二、若以原工具為樣所示之尺寸製造工具，所造之半成品亦不一定完全可用，亦有可能成為廢品者，

三、外來工具樣板不可能完全作為製造工具之用，因與原工具及原圖核對，多有不合要求，應採用何種作根據，尚無把握，

四、所造之可用半成品，與外國來檢驗樣板不能配合，大部無法檢驗，所之工具圖樣之板之尺寸與製成製品無法配合，使製造發生莫大困難，故擬于三十二年度研究改正，務使均可符合，以期完善而利製造。

戊、二五公分榴彈製造工具之製造程序——二五公分歐式及蘇式榴彈在實際製造上，與原來

计劃多有出入如下：

一、工作程序方面有增多或减少者

二、设備方面之有更改及添增者

三、工具方面之主要尺寸及式樣與規定之有更改者

四、樣板方面之多有與製造圖不能配合無法檢驗

五、製品方面之每逢製品尺寸與圖樣多有出入

对於上列種種亦継續參照整理俾計劃與實際可以完全符合使他日換人或重製時可以順利進行不至發生錯誤

六、銅売檢驗之加強——製造銅売時以往多注意於尺寸之檢驗，如尺寸合格即認為可用，於銅売本質方面，則不免忽視，實際其關係之要並不亞於尺寸，自三十二年

661

度起，準作銅殼浸漬試驗，以試銅殼經燒以後所受火力是否均勻，有無剝裂之弊。外，尚擬注意銅殼之硬度試驗及射擊試驗。

庚、煤氣發生爐之改進——現用煤氣發生爐，所發煤氣之質量，異常不同，唯缺乏測驗儀器，對於煤氣之成份與發生量，無法測得，故對於所用燃煤之選擇，均屬疑問，待有儀器可以測驗，擬詳為研究改進，使該爐使用能得到其所具之最大效率。

各部機構是否已盡量應用及去……是否去硫等

辛、銅殼驗洗設備之改良——以往銅殼使用冷洗，效率殊低，不夠應用，以後擬利用煤氣爐所發蒸汽，或以煤爐燒熱一度發生蒸汽，預熱洗池，藉利熱洗，其效率可較冷洗增加三倍。

關於設備方面

五

甲、添設小電床兩部以作電信發彈火眼用、

乙、添設回火炉兩座以補現有兩座之不足、

元、十四、

兵工署第十工厂工务处第八所一九四二年度年终报告（一九四三年一月十五日）

0127

第八所三十一年度年終報告

028

報告　三十二年一月十五日　於第八所

竊奉

令編造本所三十一年度工作報告遵即將本所應报各項總集結算列表分别报告於后：

一、關於人事方面：

甲、職員　本所現有技術員十二人事務員八人三十一年度情形如次：

到差人數	技術員六人	事務員三人	
技術員	方岳	錢振新	沈潛
	湯孝亢	陶梓亭	陸以楚
事務員	鄒勉之	沈順林	明嘉

離職人數	技術員四人	事務員五人	
技術員	王光衆	余鴻壹	何傑
	施以楚		
事務員	溫劍青	湯成之	丁靜高
	虞順林	莊易康	

128

外调本所服务二人

技术员 張鴻祥 事務員 彭壽頤

外調他所服務一人

技術員 葉昭浩

本所如今年不另設其他部門職員人數不必增加但尚有更調之必要。

乙 工人 本所現有工友尚感缺乏須增加中上等手藝車鉗工各五名如另加造迫擊砲至少另添中上等手藝車鉗工各十五名。三十一年度工人更調如次：

029

人數 / 月份	車床工（少/多）	鉋刨工（少/多）	磨工（少/多）	鍛工（少/多）	自鍛洋焊工（少/多）	學工（少/多）	號（少/多）	小工（少/多）	翻砂工（少/多）	總計	備註
1	15	23	4	1	4	13/14	57/54	17/13		124/128	
2	14/15	23/21	4	1	4	14	53/51	15/17		128/127	
3	13/14	21	4	1	4	14/15	48/47	19/18		124/124	
4	14/23	21/29	4	1	3/4	13/12	39/37	21		116/131	
5	22/25	30/33	4	1/2	3/2	12/11	36/35	21/22	11	140/145	
6	24	32/29	5	2	2/3	10/11	49/50	21/22	11	156/157	
7	27/26	30	8	2	3	37/30	13	23/21	11	154/144	
8	26/24	27	8	2	3	30/31	13	20/19	11	140/138	
9	24/25	25	8	2	3	30	13/12	20	7	132/142	
10	24/20	25/22	8	2	3	30/28	12	25	7	136/127	
11	20	24/25	7	2	3	27	12	26/27	3	124/126	
12	20	26/31	7	2/1	3	27/29	12	30/21	3	136/147	

二、關於出品方面

甲、本所三十一年度所完成之主要成品製表如次

039

1291

本所三十二年度所完成之附製成品製表如次：

項目	名稱	單位	數量	累計件數	附註
1	二公分榴彈樣板	套	231	608	
2	二公分穿甲彈樣板	"	66	132	
3	三·七公分榴彈樣板	"	357	632	
4	三·七公分穿甲彈樣板	"	206	639	
5	六公分迫砲彈樣板	"	107	115	（引信及彈尾均在內）
6	其他樣板	"	141	240	
7	試造樣板及另件	"	62	74	
8	樣板零件	件	765	765	
9	砲彈工具	"	9367	10464	
10	自用工具	"	1655	2111	
11	備用砲彈工具	"	508	502	
12	木工工具	"	208	321	
13	檢驗器工具	"	2438	2438	
14	其他工具	"	109	161	
15	試造工具	"	3385	3385	內有[illegible]3100支

030

類别	項目	名稱	单位	數量	總計數量	附註
修理部份	1	機件及另件	件	16011	18948	
	2	試造機件	〃	140	157	
	3	機件及工具修配	〃	11945	11945	
附製另件	4	底螺淬火及回火	〃	12979	12979	
	5	擦膛具成品	〃	42050	42050	
代造品	6	平面銑刀	〃	22	22	
	7	直壓花刀	〃	4	4	
	8	斜壓花刀	〃	4	4	

類别	項目	名稱	单位	數量	總計數量	附註
	1	駐螺	件	2000	2000	

1301

代五十厂造六公分迫炮另件	2	#8 接合螺	〃	500	500	
	3	#22 螺杆	〃	1000	1000	
	4	#10 驻螺	〃	810	810	
	5	#29 〃 〃	〃	1000	1000	
	6	#50 〃 〃	〃	1500	1500	
	7	#17 螺杆	〃	502	502	
	8	#74 螺帽	〃	523	523	
	9	#11 铆钉	〃	2500	2500	
	10	#97 螺杆	〃	1025	1025	
	11	#94 螺钉	〃	1000	1000	
	12	#9 接合螺帽	〃	500	500	
	13	卯F352附1数9接合螺帽	〃	500	500	
	14	#9 螺套	〃	512	512	
	15	#60 螺圈	〃	534	534	
	16	#16 阻环	〃	1503	1503	
	17	#26 弹簧压	〃	1043	1043	
	18	#3 左腿下段	〃	510	510	
	19	卯F511-数33驻螺	〃	2000	2000	
	20	铆钉	〃	500	500	
	21	卯F531-数38螺杆	〃	1000	1000	

附22	螺母，螺桿，螺釘，插銷，墊圈	件	3500	3500	材料係二所製成由本所加工者

本廠試造迫砲零件列表如下

類別	項目名稱	單位	數量	總計數量	附註
一	六公分迫砲另件	件	2335	2335	

三、關於用料方面：

甲、正料　三十一年度所用各種鋼料如下表（翻銅尚不在內）

規格	名稱	數量	單位	規格	名稱	數量	單位
3/16"	普通鋼	0.80	公斤	3/4"	普通鋼	668.35	公斤
1/4"	〃	67.03	〃	7/8"	〃	162.56	〃
5/16"	〃	359.75	〃	1"	〃	137.30	〃
3/8"	〃	207.92	〃	1 1/8"	〃	136.36	〃
7/16"	〃	13.56	〃	1 1/4"	〃	208.00	〃
1/2"	〃	172.78	〃	1 1/2"	〃	117.05	〃
5/8"	〃	341.75	〃	1 3/4"	〃	14.80	〃

154

2"	普通鋼	251	31	公斤	3/16"	紫牌円	1	25	公斤
2 1/8"	〃	10	60	〃	1/2"	〃	65	07	〃
2 1/4"	〃	138	70	〃	5/8"	〃	92	99	〃
2 1/2"	〃	227	50	〃	3/4"	〃	81	19	〃
2 3/4"	〃	523	61	〃	7/8"	〃	61	48	〃
3"	〃	212	22	〃	1"	〃	94	27	〃
4"	〃	324	60	〃	1 1/8"	〃	56	99	〃
5"	〃	56	97	〃	1 1/4"	〃	54	31	〃
1/2"	金牌円	31	06	〃	1 3/8"	〃	46	41	〃
5/8"	〃	23	98	〃	1 1/2"	〃	7	70	〃
3/4"	〃	37	23	〃	1 3/4"	〃	107	14	〃
7/8"	〃	32	85	〃	1 7/8"	〃	4	10	〃
1"	〃	52	59	〃	2"	〃	14	75	〃
1 1/8"	〃	11	47	〃	2 3/4"	〃	8	50	〃
1 1/4"	〃	28	26	〃	3 3/8"	普通円	2	00	〃
1 1/2"	〃	84	33	〃	4 1/2"	〃	8	01	〃
1 3/4"	〃	48	50	〃	6"	〃	35	00	〃
2"	〃	21	93	〃	1 7/8"	金牌円	24	00	〃
5/16"	紫牌円	28	47	〃	2 1/2"	〃	0	91	〃
3/8"	〃	37	80	〃	5"	高炭素円	4	35	〃

032

5/16"	高炭素鋼	0.20	公斤	1 5/8"	黄牌鋼	5.00	公斤
5/8"	〃	0.30	〃	1 3/4"	〃	137.37	〃
2 3/4"	〃	7.50	〃	2"	〃	2.60	〃
3"	〃	7.10	〃	2 1/4"	〃	52.00	〃
1/2"	藍牌鋼	10.50	〃	7/8"	馬丁鋼	8.00	〃
5/8"	〃	0.50	〃	1"	〃	40.05	〃
3/4"	〃	2.20	〃	1 1/8"	〃	8.05	〃
7/8"	〃	2.45	〃	1 1/4"	〃	0.70	〃
1"	〃	4.80	〃	3"	〃	78.60	〃
1 1/4"	〃	1.25	〃	3 1/2"	〃	76.00	〃
1 1/2"	〃	4.75	〃	4"	〃	22.40	〃
1/4"	黄牌鋼	12.55	〃	6"	〃	101.50	〃
3/8"	〃	3.00	〃	3/4"	〃	6.00	〃
7/16"	〃	23.20	〃	1/8"	元鉄	2.65	〃
1/2"	〃	46.26	〃	3/8"	〃	0.40	〃
5/8"	〃	10.98	〃	1/2"	〃	0.85	〃
3/4"	〃	45.95	〃	3/4"	〃	17.34	〃
7/8"	〃	0.85	〃	7/8"	〃	72.05	〃
1"	〃	35.00	〃	1"	〃	33.43	〃
1 1/4"	〃	5.80	〃	1 1/8"	〃	74.75	〃

1327

1/4″φ	元铁	8.95	公斤	3/16″φ	方圆	5.38	公斤
1/2″φ	〃	114.23	〃	3/8″φ	〃	39.03	〃
1 3/4″φ	〃	3.76	〃	1″φ	〃	40.85	〃
2 1/2″φ	〃	4.25	〃	1 1/8″φ	〃	0.85	〃
2 5/8″φ	〃	3.00	〃	1 1/4″φ	〃	99.55	〃
3/16″φ	炭素圆	0.10	〃	1 1/2″φ	〃	66.52	〃
1 1/2″φ	〃	6.65	〃	1 3/4″φ	〃	35.35	〃
3″φ	〃	155.51	〃	2″φ	〃	202.20	〃
3″φ	钢圆	40.90	〃	2 1/8″φ	〃	1.00	〃
1″φ	〃	2.50	〃	2 1/4″φ	〃	18.70	〃
4φ	〃	3.75	〃	2 1/2″φ	〃	350.20	〃
3/4″φ	轴圆	10.76	〃	30φ	〃	34.50	〃
2 1/2″φ	〃	24.83	〃	13/16″φ	方弹簧圆	3.69	〃
2 3/4″φ	〃	9.26	〃	2 1/16″φ	〃	3.50	〃
3″φ	〃	176.00	〃	3/8″φ	〃	0.20	〃
1/8″φ	白牌圆	6.12	〃	3/8″φ	圆〃筋	1326.10	〃
1/4″φ	方圆	0.30	〃	1/4″φ	〃	12.55	〃
3/8″φ		3.43	〃	5″φ	方铁	26.00	〃
1/2″φ		4.20	〃	83φ	砲弹圆	98.15	〃
5/8″φ		11.85	〃	3″φ	叉琴圆	49.65	〃

033

3φ	百標 鋒鋼	99	50	公斤	90φ	百標 鋒鋼	37	20	公斤
5φ	〃	0	10		1/2φ	〃	0	27	
6φ	〃	1	55		1/2φ	〃	4	00	
6.5φ	〃	2	10		10φ	〃	5	00	
8φ	〃	18	96		3/4"φ	〃	0	87	
10φ	〃	28	87		2 1/2"	(Super Rapid) 〃	7	85	
11φ	〃	0	81		4×50	〃	0	79	
13φ	〃	2	05		5×51	〃	4	41	
8.5φ	〃	9	57		5×10	〃	0	65	
16φ	〃	117	45		8×38	〃	1	50	
18φ	〃	0	68		22×32	〃	1	50	
15.5φ	〃	3	00		14φ	〃	17	90	
22φ	〃	69	36		6.5φ	Unikum 鋒鋼	3	60	
25φ	〃	103	75		8φ		9	00	
35	〃	27	90		3.5φ		3	17	
12.5φ	〃	8	90		13.5φ		15	63	
40φ	〃	19	16		15φ		6	16	
45φ	〃	2	50		16φ		45	68	
50φ	〃	4	50		17.5φ		0	25	
55φ	〃	10	80		18φ		22	84	

033

133-1

20⌀	Unikum 鋒鋼	14	63	公斤	3/8″⌀	Phonix 鋒鋼	[illegible]	[illegible]	公斤
22⌀		0	38		1/2″⌀		19	61	〃
25⌀		27	00		1″⌀		5	50	
12⌀		8	27		1″⌀		44	48	
15⌀		0	98		1 3/4″⌀		1	59	
1/16″⌀	U.S.A. 鋒鋼	0	70		1/2″⌀	鋒鋼	2	80	
1/4″⌀		15	00		7/8″⌀		0	81	
3/8″⌀		0	57		1″⌀		4	41	
1/2″⌀		20	27		1 1/4″⌀		16	42	
5/16″⌀		6	30		1/2″⌀		4	00	
3/4″⌀		79	90		10⌀		5	00	
7/8″⌀		18	75		1 1/4″⌀		1	55	
1 1/4″⌀		6	40		7/8″⌀		0	80	
1 1/2″⌀		0	30		3/4″⌀		6	00	
3 1/2″⌀		47	00		1″⌀		1	30	
15/32″⌀	Rockling 鋒鋼	0	20		1 3/16″⌀	U.S.A. 鋒鋼	18	50	
1/2″⌀		4	70		135⌀	鎳鉻鋼	401	95	401,95
3/4″⌀		0	10		1 3/4″⌀	鉻鋼	33	44	
1 1/4″⌀		1	65		2 5/16″⌀	鉻質冲模鋼	396	65	
1 1/4″⌀		3	50		2 3/4″⌀		92	60	

034

3"⌀	絡質沖模圆	55	15	公斤	5"⌀	熱沖模圆	24	65	公斤
1/2"⌀	U.S.A.沖模圆	1	00	〃	3"⌀	〃	24	65	〃
2 1/4"⌀	沖模圆	5	60	〃	2"⌀	文琴圆	18	70	〃
2 3/8"⌀	〃	99	00	〃	3"⌀	〃	6	45	〃
2 5/8"⌀	〃	60	42	〃	83⌀	彈簧圆	135	00	〃
3"⌀	〃	79	92	〃	83⌀		34	00	〃
2 3/4"⌀	〃	37	20	〃	3/8"⌀	生鐵棒	0	35	〃
3 1/2"⌀	〃	74	00	〃	5/8"⌀	〃	1	75	〃
4"⌀	〃	396	65	〃	1"⌀	〃	1	50	〃
2"⌀	24廠沖模圆	27	00	〃	1 1/4"⌀	〃	2	00	〃
2 1/2"⌀	〃	8	20	〃	1 1/2"⌀	〃	4	39	〃
3"⌀	〃	25	65	〃	2 1/4"⌀	〃	7	66	〃
2 5/8"⌀	〃	49	40	〃	70⌀	〃	144	00	〃
2 3/4"⌀	〃	94	50	〃	1 3/8"⌀	〃	1	00	〃
4"⌀	沖模圆	49	50	〃	1/2"⌀	〃	3	80	〃
5"⌀	〃	6	00	〃	4m/m	樣板 圆板	40	44	〃
5"⌀	24廠沖模圆	19	00	〃	6m/m	〃	38	95	〃
3"⌀	美國沖模圆	12	50	〃	8m/m	〃	63	20	〃
4"⌀	〃	21	80	〃	10m/m	〃	92	01	〃
5 1/4"⌀	〃	7	00	〃	1/16"	圆 板	12	00	〃

134-1

3/16"	圆板	61 10	公斤	1/4"⌀	黄铜	9 35	公斤
1/8"	"	581 75	"	3/8"⌀	"	11 34	"
1/4"	"	637 55	"	1/2"⌀	"	9 45	"
5/16"	"	48 01	"	9/16"⌀	"	1 05	"
3/8"	"	190 90	"	5/8"⌀	"	11 14	"
3/8"	"	25 00	"	11/16"⌀	"	0 50	"
2 m/m	样板圆板	0 15	"	3/4"⌀	"	3 55	"
3 m/m	"	15 40	"	7/8"⌀	"	26 09	"
5 m/m	"	3 45	"	1"⌀	"	1 35	"
0.3⌀	白铜线	0 406	"	1 1/8"⌀	"	14 55	"
0.5⌀	"	0 80	"	1 1/4"⌀	"	19 44	"
0.8⌀	"	4 27	"	1 1/2"⌀	"	8 50	"
1⌀	"	1 792	"	1 5/8"⌀	"	13 05	"
1.2⌀	"	0 151	"	1 3/4"⌀	"	13 50	"
1.5⌀	"	1 634	"	1 7/8"⌀	"	40 23	"
2⌀	"	3 16	"	2 1/8"⌀	"	0 75	"
2.5⌀	"	0 65	"	2 1/4"⌀	"	10 90	"
3⌀	"	0 61	"	5⌀	"	0 60	"
4⌀	"	7 51	"	7⌀	"	0 75	"
1/8"⌀	"	28 05	"	11⌀	"	4 4	"

035

45Φ	黃銅	1	60	公斤	1/16" 黃銅皮	46	50	公斤
1/16"	扁鐵	31	93	〃	3/16" 〃	31	79	〃
3/16"	〃	235	50	〃	3m/m 紫銅皮	157	50	〃
1/4"	〃	266	90	〃	5m/m 〃	43	45	〃
5/16"	〃	222	51	〃	1/8"Φ 紫銅管	2	64	公尺
1/2"	〃	1389	10	〃	1m/m 黑鐵皮	331	74	公斤
5/8"	〃	83	42	〃	2m/m 〃	81	00	〃
3/4"	〃	338	97	〃	3m/m 〃	1110	00	〃
7/8"	〃	18	00	〃	1.88m/m 〃	1350	00	〃
1"	〃	2	00	〃	5m/m 〃	15	20	〃
1/2"×1/2"	〃	780	00	〃	1/8" 〃	378	00	〃
3 1/4"Φ	青銅	46	00	〃	1/2"Φ 樣板用	6	00	〃
55Φ	〃	20	00	〃	5/8"Φ 〃	5	00	〃
0.25m/m	黃銅皮	0	20	〃	3/4"Φ 〃	0	50	〃
0.4m/m	〃	0	10	〃	1"Φ 〃	0	50	〃
1m/m	〃	1	40	〃	1 1/8"Φ 〃	1	40	〃
1.1m/m	〃	41	83	〃	2"Φ 〃	10	31	〃
1.3m/m	〃	0	40	〃	1/8"Φ 鋼球	10	00	粒
4m/m	〃	0	68	〃	3/16"Φ 〃	2	00	〃
5m/m	〃	3	50	〃	5/16"Φ 〃	51	00	〃

151

3/8"Φ	銅珠	2.00	粒		磨冲模	98.00	只
6mm	〃	9.00	〃	1/2"Φ	白鐵管	12.855	公尺
	元宝紫銅	53.55	〃	3/4"Φ	〃	21.75	〃
	馬口鐵	428.69	〃	1"Φ	〃	0.56	〃
22#	〃	47.00	磅	1/2"	龍头	1.00	只
6#	〃	4.00	〃	3/4"	爱而青	4.00	〃
5#	〃	17.00	〃	1/8"	馬丁冈板	35.30	公斤
3#	〃	2.00	〃	1"	角鐵	34.81	〃
	青鉛	860.20	公斤	3"×6"×5"	槽鐵	2.00	〃
	純錫	317.10	〃		磨片油桶	1.00	只
	冲模元餅	224.20	〃	8#	木螺钉	70.00	〃
3/8"Φ	螺帽	1.00	〃	60Φ	迫砲管	303.00	公斤
5/8"Φ	〃	2.60	〃		油压機底座毛胚	63.00	〃
1/2"Φ	〃	2.50	〃		生鉄管毛胚	229.95	〃
1/4"Φ	〃	0.15	〃		迫砲筒〃〃	39.60	〃
9/16"Φ	〃	3.00	〃		布司架〃〃	1.00	只
1/16"Φ	〃	18.00	〃		磨床料架毛胚	1.00	〃
2"	洋釘	9.74	〃		迫弹头毛胚	15.00	〃
12#	鉛絲	9.00	〃		迫弩夹头机毛胚	1.00	〃
16#		0.12					

乙、副料

本所三十一度所用工具及向料等如下表。（翻鋼向不在内）

規格名稱		數量單位		規格名稱		數量單位		規格名稱		數量單位	
0.3⌀	蔴花鉆	1	支	2.2⌀	蔴花鉆	2	支	5.7⌀	蔴花鉆	1	支
0.4⌀	〃	2	〃	2.3⌀	〃	1	〃	6⌀	〃	4	〃
0.5⌀	〃	2	〃	2.4⌀	〃	1	〃	6.5⌀	〃	1	〃
0.6⌀	〃	5	〃	2.5⌀	〃	10	〃	7⌀	〃	2	〃
0.7⌀	〃	1	〃	3⌀	〃	15	〃	8⌀	〃	2	〃
0.8⌀	〃	2	〃	3.2⌀	〃	1	〃	8.5⌀	〃	1	〃
0.9⌀	〃	4	〃	3.3⌀	〃	1	〃	10⌀	〃	9	〃
1⌀	〃	27	〃	3.5⌀	〃	1	〃	10.5⌀	〃	1	〃
1.1⌀	〃	5	〃	4⌀	〃	7	〃	11⌀	〃	2	〃
1.5⌀	〃	27	〃	4.3⌀	〃	1	〃	11.5⌀	〃	2	〃
1.6⌀	〃	1	〃	4.5⌀	〃	3	〃	13⌀	〃	1	〃
1.7⌀	〃	3	〃	4.7⌀	〃	1	〃	14⌀	〃	1	〃
1.8⌀	〃	1	〃	5⌀	〃	7	〃	14.5⌀	〃	1	〃
1.9⌀	〃	1	〃	5.2⌀	〃	1	〃	17⌀	[illegible]〃〃鉆	1	把
2⌀	〃	23	〃	5.5⌀	〃	2	〃	20⌀	〃	4	〃

1561

2.3⁰	絲公	1	只	4⁰	鋼板	5	块	2㎜	公錐樣板	1	只
2.6×.5	〃	2	〃	5⁰	〃	1	〃	12/9.8	環形〃〃	1	〃
3⁰	〃	1	〃	8⁰	〃	2	〃	13.9	〃〃〃〃	1	〃
3.5⁰	〃	1	〃	1/2"	〃	1	付	12	錐形〃〃	1	〃
4⁰	〃	3	〃	5/8"	〃	1	〃	27.5	木[illegible]头	7	〃
5⁰	〃	2	〃	4"	細扁銼	2	把	60×1	元片銑刀	10	把
6⁰	〃	5	〃	12"	〃	1	〃	60×2	〃	1	〃
8⁰	〃	2	〃	6"	粗扁銼	1	〃	75×2.5	〃	1	〃
10⁰	〃	2	〃	4"	細元銼	4	〃	90×3	〃	4	〃
12	〃	1	〃	6"	粗〃〃	1	〃	100×80	滚筒銑刀	1	〃
14×2	〃	1	〃	4"	細方〃	6	〃	80×45	〃	1	〃
3/32"	〃	1	〃	8"	細半元〃	1	〃	2⁰	顶针[illegible]	20	只
1/8"	〃	5	〃		什錦刀銼	1	〃	2.5⁰	〃	12	〃
3/16"	〃	3	〃		〃〃元〃	1	〃	3⁰	〃	3	〃
1/4"	〃	7	〃	150㎜	外卡	1	支	16⁰	絞刀	1	〃
5/16"	〃	4	〃	150㎜	内〃	2	〃		美國車床顶针	6	〃
3/8"	〃	3	〃	150㎜	鋼皮尺	2	〃		1/4号〃〃	10	〃
1/2"	〃	3	〃	90	銼刀柄	4	把	2.5㎜	搖花[illegible]镗刀	1	把
2.5⁰	鋼板	1	块	4×2"	鋼鉄鑿	1	〃	3/8"×70	車刀	56	〃
3⁰	〃	2	〃	2.5	公錐樣板	1	只	M1.5 Z12	镗刀样板	1	只

037

規格	名稱	數量	单位	規格	名稱	數量	单位	規格	名稱	數量	单位
	肥皂	437	块	40W	灯泡	111	只		润機油	4	磅
	掃把	126	把	60W	〃	2	〃		精密磨油	16	〃
	白布	2420	块	35W	〃	118	〃		代柴油	111	〃
	排筆	65	排	100W	〃	32	〃		塩酸	85	公斤
	火柴	150	盒	100W	螺絲灯泡	13	〃		磨粉	57	〃
	粉筆	35	〃	200W	〃	1	〃		扁担	12	根
	竹掃把	25	把		水肥皂	175	公斤		棕繩	6	公斤
	氧氣	18	瓶		肥皂油	63	〃		篾箱	22	只
	0#砂布	186	块		牛骨	1600	〃		麻繩	22	公斤
	1# 〃	210	〃		木炭	550	〃		錫	74	〃
	2# 〃	644	〃		煤油	47	磅		鹼	167	〃
	22# 〃	60	〃		S機油	74	〃		電石	303.4	〃
	26#	522	〃		红車油	182	〃		火泥	30	〃
	拖把	10	把		冷却油	207	〃		牛筋	8	〃
	洋眼圈	30	只		礦油	16	〃		嵐炭	42260	〃 存30000公斤
	火磚	210	块		菜油	63	〃		打鉄煤	29900	〃
	砂金鋼占 存11顆	15	顆		汽油	7	〃		青銅	1	公斤
	火漆 存35支	40	支		代煤油	5	〃		石炭	400	公斤
	針	25	〃		代汽油	3	〃		水泥	306	〃

137

硼砂	3.04	公斤	3/16"	橡皮管	33.22	公斤	1/2"	方网	1.31	公斤
黄血盐	146	〃	1/2"	皮带	49.90	〃	3/4"	〃	1.10	〃
牛油	5	〃	1/8"	〃	1.5	〃	2"	〃	1	〃
白凡士林	5	〃	2/3"	〃	29.74	〃	1"	〃	9	〃
松香	1.35	〃	1"	〃	14.3	〃	1 1/2"	〃	0.5	〃
毛毡	3	只	1 1/4"	〃	21.3	〃	A42	三角橡皮带	1	根
红火泥	150	公斤	4"	〃	0.74	〃	B42	〃	5	〃
块煤	1070	〃	2"	网丝刷布	2.44	〃	A38	〃	2	〃
纺绸	1/10	尺	25#	橡皮管	0.6	〃	18#	保险丝	0.44	公斤
甲种机油	3	罐	16#	〃	2	〃	1/8"	电焊丝	14.69	〃
牛皮带	9	张	1 7/8"	皮带	1.7	〃	5/32"	〃	25.6	〃
饭碗	9	只	1"	橡皮管	2	〃	3/16"	〃	6.05	〃
粗丝弦	0.6	公斤	3"	皮带	14.25	〃	3#	皮带扣	46	支
松香柏油	2	〃	15#	皮带扣	84	支	1/2"	洋钉	3	公斤
石棉线	1.6	〃	25#	〃	67	〃	10#	铝丝	3.8	〃
自制柴油	159	罐	55#	〃	12	〃	12"	磨锯条	930	支
回火盐	100	公斤	35#	〃	20	〃	12"	锯条	844	〃
定子绳	1	〃	45#	〃	20	〃	1 1/4"	洋钉	1	公斤
桐油	3	〃	1/4"	高压橡皮管	13.37	公斤	2#	白铜丝	0.02	〃
红丹粉	5	〃	4#	铅丝	10.2	公斤	6209	圆珠轴承	2	只

038

1/2"Ø	普通冈	22	公斤	3/8"	鋼板	2	公斤	4Ø	白冈絲	0.1	公斤
3/4"Ø	〃	1.05	〃	3/16"	〃	63.3	〃	22Ø	unikum鋒冈	0.35	〃
3/4"Ø	金牌冈	0.3	〃	3/4"Ø	紫牌冈	0.2	〃	3/4"Ø	U.S.A. 〃	0.26	〃
4m/m	鋼板	4	〃	1/2"Ø	元鉄	4	〃	7/8"Ø	〃 〃	0.02	〃
4"Ø	美國沖模冈	1	〃	10m/m	紫銅皮	154.2	〃	3/2"Ø	〃 〃	1	〃
3/4"Ø	鋒冈	2.5	〃	1/8"Ø	普通冈	1.3	〃	1m/m	鉄皮	16	〃
1/4"	鉄板	1	〃	1/2"Ø	金牌冈	0.4	〃	1/2"	螺帽	0.5	〃
3/16"Ø	普通冈	0.5	〃	1/2"	扁鉄	28	〃	3/8"	〃	0.15	〃
5/8"Ø	黄牌冈	2	〃	0.9Ø	白冈絲	0.5	〃	1"Ø	生鉄梗	40	〃
3/4"Ø	黄銅	3.25	〃	2.8Ø	〃	6.8	〃	3/4"Ø	〃	4.5	〃
1"Ø	黄牌冈	3	〃	0#	金冈砂	0.5	〃	2 1/2"Ø	〃	2.76	〃
3/8"	鋼板	2	〃	186#	〃	0.118	〃	8"×1/2"	砂輪	3	〃
3/8"Ø	黄牌冈	0.15	〃	303#	〃	2	〃	12"×3/4"	〃	2	〃
1/4"□	方冈	0.5	〃	302#	〃	1.4	〃	6"×3/4"	〃	6	〃
1/4"Ø	普通冈	0.11	〃	304#	〃	1	〃	3"×1/2"	〃	10	〃
3/8"Ø	紫牌冈	0.75	〃	305#	〃	1	〃	5"×9/16"×1/2"	紅砂輪	6	〃
1m/m	黄紙板	3	張	309#	〃	2	〃	65Ø×11.5×1/2"	〃	10	〃
1"Ø	普通冈	0.11	公斤	108#	〃	0.5	〃	13/16"×3/16"	内元砂輪	12	〃
5m/m	紫銅皮	2	〃	1/2"	洋釘	1.4	〃	5"×9/16"×1/2"	红争砂輪	6	〃
1/4"Ø	黄銅	0.15	〃	1"	〃	1	〃	65Ø×11.5×1/2"	〃	6	〃

1381

四、技術方面之改進：下列各点係在三十一年度改進者

甲、利用白鋼絲製成小尺寸蔴花鑽以利本廠主要出品。

乙、内螺絲樣板已由技術員訓練專门技工車製擦磨漸趨精细。

丙、螺絲輥刀已設法試造完成惟大量出品尚須另製專门冲具冲製内齒。

丁、鋸床用鋸条在三十一年度内均由本所自製應用惟尚不及舶來品壽命長正待改進也。

戊、鋒鋼淬火時所發生之表面氧化及脫炭問題已用硼砂保護法解决一部困難。

五、設備方面之增添：

甲、增裝小工具磨床以供磨修刀具之用。

乙、鍛工部遷移入新建工房擴充淬火部。

丙、增設電焊機及氧氣焊以供修理及製造設備之用。

丁、增設熔銅向熔製銅末製成銅桿備用並翻製另件。

戊、裝製大鹽爐及大電爐鉛爐以供淬火

1384

退火回火等用途，仿造油淬火爐以備

電阻棒用盡時淬製鋒鋼工具之用。

己、增設手電鑽及手剪刀等以利工作。

六、管理方面之改善：

甲、每工友均發給銅鎖一把以資保管其所

領用之工具，鑰匙兩把一封存於工具房内

供管理員隨時啟開工具箱檢查工具之用，

一懸掛名牌箱内上下班由工人取用掛回藉

以查考到曠病事假等事宜。

乙、每月各部之消料消耗均由工具管理

040

員負責报告附於工具月报表册之後以資考核·

丙 各部工友領借工具除憑工具牌借交外須由技術員當面通知或開条始能借與如遇有損壞須技術員開条始能收回修理並逐一記錄以供考查·

丁. 本所工作另量工作地点亦分散是以每種製品經常須经四五次部门之轉手如任各部门自行轉送管理局查考均感不便自三十一年起更变收發半成品方法由所本

140

部集中登記收發以利考查而步入集中管理分配工作之初步。

七、機器閒懇狀況：（新到機器未列入）

本所原有之鉶床匍大車床用途少螺絲車床未動用磨床匍銑床均不空閒列表以資比較：

機器類別	存用部數	平時停車部數	停車百分率	備註
大磨床	5	0	0	
樣板磨床	1	0/1	50	只磨大平面樣板用
小工具磨床	8	2/3	30	

041

大車床	2	2/1	80	只車修大件用
中號車床	6	2/1	25	
小車床	32	0/10	20	六至七部常無工作
螺絲車床	1	1	100	用途少
銑床	5	0	0	
鉋床	4	0/1	10	小龍門鉋床一部时無適当用途
鍘床	2	2/1	90	用時極少
鑽床	6	0/4	20	兩部掛軸鑽床不精確時停車

八、三十二年度之興革意見：

本所過去经常之工作每陷入忙乱狀態

1417

中究其原因不外乎下列各点：

1. 工作未能分配适当不能及时出品。

2. 無有适當人選未能集中分配工作。

3. 無有全盤計劃不知需用究幾多工具句製品及其需用情形更無法分别急緩以憑規定先後施工之次序。

4. 無一定工作之次序所有工作時停時継以致增多工作手續及時间更因而意志不易灌注增加廢品。

以上各点因果関連忙乱無序從中而生

可使工作人員減低工作興趣以是之故已商請作業課三十二年度所有本所之製品先由作業課核定請託单酌量發給本所施工而本所則將收到工作逐一分配至各部施工以不在各部積壓為原則隨時報告作業課按照實際情形繼續承製其他工作順序進行不致比無所從耗費工作時間製品既可及時完成本所亦籍以作集中分配工作進一步之實施以待人事調整就緒後即可開始正式集中

1421

分配工作当时定可提高兴趣与工作效能

综上八项附列数量表等一併呈请

钧座核示遵行谨呈

处长 荣 转呈

厂长 庄

兼第八所所长 孟继先 呈

167

民國卅年度擦槍器具製造所報告　之六

（一）人事　本所原有技術員趙文才吳大恆劉仲康均於本年內先後辭去復由吳庭亨陳 權徐清塵等逐次接替工作方面未受影響對於出品月有改進工人始終在六十人左右有去有來工作尚未間斷

（二）出品　本年度額造擦槍器具五萬套按月如數驗訖解繳清楚額外另代拉離心子銅条一三三六公斤擊針条八四四公斤尚有擦槍器具半成品在年終盤点時均有二千餘套以待來年驗妥解繳

1671

（三）用料 （甲）正料 列表於左

卅一年度主要正料預計數量及用去數量比較表

列數	名稱	預計數量	單位	用去數量	單位	備註
1	鋼筋	10	噸	11	噸	代拉曲針料在內
2	鋼板	5	〃	6	〃	代拉離心子料在內
3	銅皮	6	〃	6	〃	修造零壓在內
4	焊錫	500	公斤	510	公斤	修配零壓在內
5	鉛絲	250	〃	260	〃	製拋光銅殼用毛刷在內
6	紫銅	50	〃	80	〃	製榔頭烙鐵等
7	撳鈕	170	匣	173	匣	每匣288付
8	綫帆布	500	疋	501	疋	拋車手套在內
9	〃綫圈	142	打	210	打	製医院窗帘在內
10	十丈白粗布	60	疋	80	疋	製窗帘及拋車輪在內
11	棉紗	100	公斤	120	公斤	
12	綫紡帶	1,000	把	10,10	把	
13	豬棕	200	公斤	230	公斤	製拋光銅殼毛刷在內
14	油紙	5,000	張	6,000	張	有時久破損者在內

(乙)副料　列表在左

卅一年度主要副料用去數量及卅年度用去數量比較表

列數	名稱	卅一年用去數量	單位	卅年用去數量	單位	備註
1	麻繩	550	公斤	未詳	公斤	卅年係用鉛絲試拉
2	紅車油	11	加侖	8	加侖	用漆車及杉轄等用
3	碣油	40	〃	36	〃	
4	煤〃	20	〃	14	〃	
5	考邦〃	10	〃	0	〃	
6	酒精	28	〃	26	〃	
7	鋸条	75	条	63	条	用于屋修配等用
8	砂布	135	張	101	張	受潮的在內
9	〃紙	228	〃	200	〃	修件等用
10	電灯炮	10	个	8	个	
11	抛車油	35	公斤	0	公斤	僅在本年十二月中使用
12	塊煤	5,662	〃	5,500	〃	
13	嵐炭	4,480	〃	4,400	〃	
14	硫酸	28.9	〃	25	〃	
15	鹽〃	79.5	〃	70	〃	
16	洋漆片	80	〃	50	〃	
17	廢油	250	加侖	0	加侖	

1685

(四)技術方面之改造：

(甲)前用人力拉製鋼条、所需十人本年改用動力減至四人節人力一半有餘、

(乙)油壺改用拋車擦亮並刻字、

(丙)鋼条銅条平頭前賴人工今賴車床施工工作確實

(五)設備方面之增添　本所半成品數量甚多輸送時所用籮筐難以載重最好添置三輪小貨車一輛以免抬槓及消耗籮筐、

(六)管理方面之改善　對於管理方面本所於每週二四六日舉

行三次清潔工作限在放工時前卅分鐘內作畢、並由技術員輪流召集工友談話其資料即以平日相處之際覺有善者揚之不善者改之以效率日增

(七)機器閒憩狀況　本所現有順昌車一部、帶彈車二部小鉆床六部、動力搖車一部其閒憩時間每月約佔百分之六十有奇、

(八)卅二年度興革意見　本所工作較為單純且年有額定製造數量、不能自由增減、對於新革意見循蹈舊規逐漸改進

兵工署第十工厂工务处一九四二年度工作报告（一九四三年一月）

003

工務處三十一年度工作報告

(一)人事方面

甲、職員 三十年度底本處共有技術員五十八名事務員五十五名本年度内陸續得到補充至目前止計有技術員六十名事務員五十七名本年度離職之技術員十九名事務員二十二名新進之技術員二十九名事務員三十一名查人員更動過多對于工作效力有莫大之影響希望以後提高職員待遇人事能可穩定

乙、工人 三十年度底本處共有技工（車、鉗、鍛、鑄、電、等）一百六十一名火工二百五十一名泥木工（鋸、漆、石、篾、等）三十三名學工（檢驗藝徒等）二百四十三名小工一百三十三名本年度共有技工一百六十一名火工

3-1

一百二十八名泥木工五十九名學工二百二十七名小工二百五十五名兩年度工人人數比較除小工增加一百二十二名外其餘工人數目無甚出入

查本年度小工激增係自十月份開始至十二月份達最高數其原因因趕造出品各所添雇小工如銅壳所因改造三七銅壳體量重量均增加故添雇小工木工所因自鋸木板添雇小工學習鋸工此外翻銅間亦在添雇大批小工中

本年度新進工人共五百五十二名解雇工人四百四十三名此數甚可注意者蓋本處本年度平均工人總數約八百名其中進退工人竟佔半數以上此半數新進工人均須加以訓練對于工作效力當受相當之影響

004

(二)材料方面

甲、正料 本年度正料方面尚不感缺乏惟二公分彈帶用紫銅管及離心子用銅条用罄經自行設法製造已告解决

本年度正料領發辦法經規定每个零件用量後每次發料必須與繳半成品數量核對故浪費已減至最低限度

乙、副料 經一面儘量搜撥一面切實撙節後大致尚可敷用節省成績以油類為最顯著與三十年度比較之節省數量計潤滑油三百五十六加侖冷却油三千一百四十五加侖汽油九百八十八加侖其他如鉛条、砂皮、砂紙、灯泡等亦均較往年有顯著之節省成績(見附表)

41

本年度副料之領發辦法經每月有預先規定之數量後各所副料之消耗均尚合理

(三)出品方面

主要出品二公分及三七砲彈查三十年度共造二公分砲彈三〇、〇〇〇發三十一年度造繳二公分砲彈二七〇、〇〇〇發三七砲彈三五、〇〇〇發如以三七砲彈一顆抵二公分者三顆計算則本年度出品較去年度增加百分之五十強其他加造代造品均有增加（見附表）

本年度出品總收入合國幣三千萬元本處付出之工資連各種津貼共二百五十五萬八仟元佔總收入百分之八、五強本處職員薪津約計六十萬元佔總收入百分之二

005

(四)技術方面

查去年榴彈引信内所用之雷管連火帽均係德造者本年度研究自製經三个月之試驗其安全性已與德造者無異破甲彈彈頭首尾淬火硬度原無所依據經數度試驗後已確定標準

三七破甲彈彈底引信因施工上之困難經將原圖更改試造射擊後效用與未改前同故已決定採用更改式樣

歐利根二公分榴彈及曳光榴彈二種仿造成功均已出品

卅年度與卅一年度主要副料用量比較表

料名	單位	卅年度用量	卅一年度用量	卅年度多於卅一年度用量	卅一年度多於卅年度用量	附記
獅牌輕機油	加侖		2.5		2.5	
E.L.S 機油	〃	640.	286.	354.		
茄高兒牌機油	〃	50.	62.		12.	
"S" 滑軸油	〃	1281.	1239.	42.		
甲種機油	〃	490.	58.	432.		
獅牌碣油	公斤	205.	289.		84.	
薄紅車油	加侖		133.		133.	
Red oil	公斤	62.	0.3	61.7		

中厚紅車油	加侖	302.	178.	124.		
加厚紅車油	〃		9.		9.	
黄牛油	公斤	112.	179.		67.	
白凡士林	〃	97.	69.	28.		
黄凡士林	〃	109.	141.		10.	
冷却油	加侖	3712.	1957.	1755.		
柴油	〃	4430.	65.	4365.		
代柴油	〃	639.	3614.		2975.	
汽油	〃	1260.5	270.5	988.		
代汽油	〃		110.8		110.8	

007

料名	單位	卅年度用量	卅一年度用量	卅年度多於卅一年度用量	卅一年度多於卅年度用量	附記
酒精	加侖	999.5	1840.		840.5	
煤油	〃	294.	351.		57.	
代煤油	〃	60.	320.		260.	
肥皂油	公斤	288.	1351.		1063.	
水肥皂	〃	1927.	1537.	390.		
魚油	〃	29.	37.		8.	
松香	〃	19.	34.		15.	
漆片	〃	340.	371.		31.	
松香水	〃	149.	173.		24.	

7-

牛皮膠	公斤	80.	90.		10.	
螺絲燈泡	只	256.	206.	50.		
燈泡	〃	1802.	1169.	633.		
銼	把	585.	413.	172.		
什錦銼	付	21.	2.	19.		
鋼鋸條	條	2667.	2176.	491.		
砂布	張	3302.	2879.	423.		
砂紙	〃	1030.	511.	719.		
金剛砂	公斤	10.5	11.6	0.9		
三角橡皮帶	條	121.	79.	42.		

料名	單位	卅年度用量	卅一年度用量	卅年度多於卅一年度用量	卅一年度多於卅年度用量	附記
牛皮带	公尺	445.	427.	18.		
皮带扣	支	512.	545.		33.	
白粗布	疋	535.	225.	310.		
10大 白粗布	〃	75.	61.	14.		
錠子绳	公斤	4.8	6.8		2.	
粗细麻绳	〃	584.	463.	121.		
粗细青麻绳	〃	838.	891.		53.	
粗细棕绳	〃	809.	682.	127.		
排筆	排	178.	250.		72.	

8-1

掃帚	把	1245.	849.	346.		
竹掃帚	〃	103.	115.		12.	
線拖把	〃	99	84.	15.		
竹木扁担	根	530.	396.	134.		
竹木槓棒	〃	181.	167.	14.		
竹籮	只	1681.	2424.		743.	
火柴	盒	953.	1044.		91.	
肥皂	塊	1560.	2173.		613.	
煤	公斤	811343.	1266388.		455045.	
白煤	〃	5000.	14550.		9550.	

料名	單位	卅年度用量	卅一年度用量	卅年度多於卅一年度用量	卅一年度多於卅年度用量	附記
嵐炭	公斤	43410.	114900.		7149.	
木炭	〃	3393.	1920.	1473.		
明礬	〃	976.	3317.		2341.	
純碱	〃	2603.	2791.		188.	

本厰三十一年度製成品數量及價目表

品名	單位	數量	單價	總價	備攷
八號雷管	個	250,000	2.40	600,000.00	
八號雷管	個	28,100	3.00	84,300.00	
方形藥包	個	110,350	6.50	717,275.00	
方形藥包	個	31,000	8.00	248,000.00	
方形藥包	個	81,000	9.50	769,500.00	
擦槍器具	套	1,000	36.00	3,600.00	
擦槍器具	套	25,000	80.00	2,000,000.00	
擦槍器具	套	25,000	120.00	3,000,000.00	
75山砲彈傳爆管	個	15,650			單價尚未奉署核定無法填列
蘇羅通二0機關砲曳光榴彈	顆	30,000	50.00	1,500,000.00	
蘇羅通二0機關砲曳光榴彈	顆	30,000	70.00	2,100,000.00	
蘇羅通二0機關砲曳光彈	顆	25,000	70.00	1,750,000.00	
蘇羅通二0機關砲榴彈	顆	20,000	28.00	560,000.00	
蘇羅通二0機關砲榴彈	顆	30,000	50.00	1,500,000.00	
蘇羅通二0機關砲榴彈	顆	40,000	60.00	2,400,000.00	
蘇羅通二0機關砲榴彈	顆	30,000	70.00	2,100,000.00	
15公分迫擊砲彈藥管	個	1,000	7.20	7,200.00	
47公分海砲破甲彈彈頭	顆	700	74.00	51,800.00	
第一式火帽	個	40,000			單價尚未奉署核定無法填列
元形藥柱	枚	500			仝上
元形藥包	個	100	7.20	720.00	
第二式火帽	個	52,170			單價尚未奉署核定無法填列
八號雷管工作順序模型	套	1	120.00	120.00	
13號手榴彈爆炸管裝藥	枚	165	1.50	247.50	
45倍37榴彈碰炸引信	個	50,000			單價尚未奉署核定無法填列
歐力根二公分高射砲空砲彈	顆	300			仝上
德造37公分戰防砲空砲彈	顆	200			仝上
歐力根二公分榴彈	顆	35,000	60.00	2,100,000.00	
歐力根二公分榴彈	顆	15,000	70.00	1,050,000.00	
蘇羅通三七公分榴彈	顆	5,000	160.00	800,000.00	
蘇羅通三七公分榴彈	顆	30,000	240.00	7,200,000.00	
元形藥包	個	10,000	4.00	40,000.00	
平面銑刀	把	22			單價尚未核定無法填列
平壓花刀	把	4			仝上
斜壓花刀	把	4			仝上
雷管	枚	3,000			單價尚未奉署核定無法填列
三七砲用填沙彈	發	500			仝上
蘇羅通三七公分破甲彈	發	40			仝上
			合計	30,682,762.50	

010

工程師室卅一年度工作報告

翻印六公分迫擊砲彈体及引信圖樣，修正公差，使適合於本廠機器之精度、

設計六公分迫擊砲，砲彈及引信製造上之機件，工具，夾頭及樣板、

預算及訂購上述各件所需之機器設備及廠房等、

設計三七彈体適于帶用紫銅盂之沖製工具、

設計歐利根二公分曳光榴彈之彈体曳光部份之構造及壓藥工具與樣板等、

修正麥特森二公分銅殼之製造程序，應需工具及樣

12-1

板等、
爆發罐圖樣之翻印及製造之籌備、
摹繪剪料機、壓盲帶之油壓機、六角車床切螺絲設
備、裝彈機、
籌劃紀錄工作時間之實施及材料性能與組織之
研究、
設計手槍信號彈銅殼之製造程序及應需工具
樣板
繪印或設計另星機件、工具夾頭樣板等、

031

軍政部兵工署第十工廠工務處檢驗課三十一年度工作報告

職（印）謹呈

032

檢驗課三十一年度工作報告

(壹)一年來檢驗情形摘要

(甲)已驗收之出品

蘇式二公分曳光榴彈(每批一萬發)共六批(六萬發)

蘇式二公分榴彈(每批一萬發)共十二批(十二萬發)

蘇式二公分曳光彈(每批五千發)共五批(二萬五千發)

歐式二公分榴彈(每批五千發)共十批(五萬發)

歐式二公分空包彈三百發

蘇式三七榴彈(每批二千五百發)共十四批(三萬五千發)

蘇式三七空包彈二百發

八號雷管共八萬枚（六月份以後）

擦槍器具共三萬五千套（六月份以後）

T.N.T方形藥包七百五十塊

T.N.T圓形藥包八千塊

（乙）關於檢驗

署派檢驗員彭昌茂五月廿七日首次到廠驗收八號雷管及T.N.T藥包

署派檢驗員金　鏞六月一日首次到廠驗收擦槍器具

署派檢驗員陳葭九每批出品須驗收時到廠自十月一日起派定常川駐廠檢驗

三七鋼殼自三月十二日起由第一所首次送驗

三七榴彈彈体三十年十一月底起由第二所首次送驗

033

歐式二公分銅殼自三月二十四日起由第一所首次送驗

歐式二公分榴彈頭体三十年十二月初由第二所首次送驗

歐式二公分榴彈第一批（五千發）五月九日首次試射因砲管機構不靈連發不佳遂

於五月下旬將銅殼底部漲形改大後六月一日重試射結果已獲驗收

三七榴彈六月十三日首次驗收其第一批

蘇式榴彈雷管八月十二日首次由第五所送驗

蘇式二公分底火九月十九日首次由第六所送驗

三七破甲彈頭体九月七日首次由第二所送驗

七月下旬會同署派檢驗員陳蔭元抽驗第四五六七共四批蘇式曳光彈時偶然發現

有所謂「銅帶有傷痕」者照該員之意將該四批曳光彈全部五百箱合計二萬發悉

数拆御送，重驗結果銅殼裂口者七十五枚彈頭及銅殼油垢太多者八百七十枚至於銅殼帶本身寬狹不一、「擦碰傷」「刀傷」者合共2467枚凡此類認為不合格者悉數排除，重裝完成彈卒已獲其驗收矣據其原因此四批砲彈均係於半成品庫未成立前早經驗得合格之彈頭體大致係排放於第七所待裝已久或因保存不適宜而致碰傷壓傷被檢驗員認為「刀傷」者也至若銅帶寬狹不一係緣由其樣板刀無法準確製造故對於銅帶外形一向不予以檢驗所至關於此事曾經簽呈申明，一方面另由工程師室另設計所謂銅帶之合膛樣板以代替驗銅帶之外形

(丙)半成品檢驗成績統計

附表三張如後.

034

檢驗統記表

31年全年度 第1頁

編號	另件名稱	送驗總數	合格	試用	不合格	備考
400	俄式引信	53,500	53,500			
402	裝針俄引信	53,565	53,565			
404	木樵俄引信	48,900	48,900			
410	俄式引信体	60,108	2,957	31,383	25,768	
411	東形引信体	24,512	21,949		2,563	
413	指標引信体	52,873	6,434	19,681	26,758	
420	俄式頂螺	39,752	10,038	21,073	8,641	
1000	蘇二光稍彈	57,309	57,309			
1004	裝藥銅殼	201,446	201,446			
1100	銅殼	313,092	153,009	75,754	84,329	
1200	底火	121,406	121,346		60	
1210	底火殼	514,028	15,003	261,927	237,098	
1302	赤磷光稍彈头	55,517	55,517			
1310	彈頭体	43,773	8,355	16,358	19,060	
1400	引信	216,704	216,704			
1401	裝座击針	303,138	309,850		3,288	
1402	裝針引信	204,233	204,233			
1407	木樵引信	192,602	192,602			
1409	塗膠引信	186,642	185,567		1,075	
1410	引信体	264,907	165,466	59,608	39,833	
1411	東形引信体	234,769		19,983	34,939	
1412	单凹引信体	1,500	1,500			
1420	頂螺	288,825	120,865	65,871	102,089	
1430	離心子	708,732	2,852	496,211	209,669	
1440	片簧	353,134	1,856	246,874	104,404	
1450	木樵	294,629	7,234	245,565	41,830	
1470	击針座	302,606	51,848	183,244	67,514	
1484	击針	451,173	9,211	351,883	90,079	
1500	雷管	102,250	67,052	14,904	20,294	
1510	雷管殼	225,630	190,040		35,590	
1520	內套	224,880	114,855	1,741	108,284	
1620	底螺	136,775	61,625	5,204	69,946	
1700	起爆管	650	605		45	
2420	延期管	11,600	8,252	2,949	399	
3003	裝藥銅殼	35,258	35,258			

工檢-03-500-31.11.20

檢驗情況表

年 月 日 第 2 頁

編號	另件名稱	送驗總數	合格	試用	不合格	備考
3004	緊口榴彈	35076	35076			
3100	銅殼	55760		44656	11104	
3200	底火	58666	58666			
3210	底火体	184681		151590	33091	
3213	紋螺底火体	158760	31050	94523	32287	
3260	底火冒殼	234078	89298	14939	129841	
3220	砧螺	153955	20446	49250	84259	
3270	底火冒	31560	31560			
3300	榴彈頭	35021	35021			
3301	未漆榴彈頭	35801	35704	97		
3310	彈頭体	71873	49418	7325	15130	
3400	引信	35328	35328			
3401	裝座击針	43880	42552		1328	
3402	裝針引信	38051	37301	750		
3410	引信体	90194	3470	49587	37137	
3411	車形引信体	7085	1972	2522	2591	
3420	离心子座	108275	701	36671	70903	
3430	离心子	283897	103981	46959	132957	
3440	光簧	114626	8801	72644	33181	
3450	木椎	125696	4224	113358	8114	
3470	击針座	74875	50236		24639	
3483	去毛击針	83526	24574	20994	37958	
4300	破甲彈頭	473	222		251	
4310	彈頭体	22451	11229	1056	10166	
4410	引信体	692		177	515	
4412	車底引信体	1000		189	802	
4420	延期管	116094	73909		42185	
4430	击針	159451	84374		75077	
4460	冢圈	6141	333		5808	
4440	火帽座	299	174	20	105	
4441	車形火帽座	12415	12298		117	
4620	底螺	56925	30699	4057	22169	
5000	[illegible]	51047	51047			
5004	裝藥銅殼	49955	49955			
5100	銅殼	121767		83525	38242	

工檢-03-500-31.11.20

036

檢驗登記表

年　月份第 3 頁

編號	另件名稱	送驗撥數	合格	試用	不合格	備考
5301	未漆歐彈夾	530,378	530,378			
5310	彈頭体	108,781	15,138	40,908	52,735	
8000	蘇二梢彈	139,859	139,859			
8301	未漆梢彈夾	104,395	104,395			
8310	彈頭体	139,310	66,001	49,270	26,039	
9000	蘇二光彈	20,166	20,166			
9302	未漆光彈夾	20,000	20,000			
9310	彈頭体	28,768	14,890	9,121	4,757	
d.7Cm	彈頭体	1,158	789		369	
9000	蘇二光彈	900	900			
B21-2/6	彈頭体	32,329	18,063	5,870	8,396	
B21-4	歐卑梢彈夾	8,195	5518	47	2630	
15620	底塞	15,916	9,959	5,021	936	

工檢-03-500-31.11.20

（丁）樣板種類及數量

名稱	種類	30年12脈	31年12脈
蘇彈二樣欄板	131	877	1012
蘇甲二樣破板	31	125	194
三八彈七樣欄板	123	263	600
三甲七樣破板	68	105	251
歐钱力体根樣反板	37	53	62
蘇德二鋼造樣克板	29	56	56
蘇造二砲瞭收彈德樣板	57	58	58
追砲击彈砲樣反板	未齊	—	85
麥特森砲彈樣板	未齊	—	4
統計	514種	1537件	2350件

（貳）管理方面之改進

1.五月八日正午十一時半至十二時半午飯休息時間課本部檢驗室之檢驗用電灯泡十三個被竊查當時事先雖已照例妥為點查灯泡及窗户仍有如此失竊之事發生殊屬門鎖欠妥除已呈報外旋即改造門户及掉換門鎖並且從新實施電灯泡之收發要用時發交二人點用不用時隨即收回保管自实行此辦法後灯泡固無再失竊但灯泡頭與灯泡黏

371

接處極易損壞

2、為考核工人之參考資料計自六月份使用「考工單」藉以分配工作及記錄工人之實際工作

3、每於工作成一段落時利用例假或休日之停工時間收回各所現用樣板予以檢查其耗損情況必要時不論於工作時間亦實行此辦法因而減少因樣板之爭執

4、為增進檢驗之效率計曾將三七砲彈底火之[illegible]小帽克及三七榴彈小火塞之兩樣板改良原日以三人檢驗者僅以一人檢驗反而增加檢驗速度及更加準確

5、一月份起開始實施送驗品之逐日收發登記及在驗待驗品之管制藉以增加督率工作效力自實施後一年來之成績比去年更加可觀

（叁）人事方面

甲、職員　本年初本課職員除課長一員外原有技術員三員一員担任半成品之複驗員

一員担任火工檢驗事宜另一員則負責管理樣板一月底火工檢驗之技術員離職後至七月底始補一員八月中旬又離職旋至十月底才補現在一員

至於事務員本年初原有二員其中一員三月中旬因工作不力免職四月下旬補充一員九月初二員相繼離職雖即補進新事務員一員旋又離職十一月底才補進現在事務員一員要之一年來人事更動無常工作日益增加人員補充困難可知一年間雖缺少人員仍能合作進展順利者多賴舊有職員之努力所致以現在情况下仍感缺員亟需要補充技術員二員及事務員一員以應付目前工作

(乙)工人方面　本年初全部工人不滿五十名旋因出品之增加而工人最高額曾達至六十名但因秋季以來工人更動較少至年底現有工人五十四名以目下情况固可敷用來年春如添多迫砲及迫砲彈之製造則不得不稍分散於迫砲彈廠工作届時人數當不敷用或

須再補添至八十名左右

（肆）來年興革之意見

1.本課一向之工作關係各所甚密切，各所如不能按時繼續出品，則本課工作亦不免隨之間斷，甚至年終將届，則大批半成品傾入本課，且裝配方面之催促急迫，應付殊感困難。至深查其所以然者，因作業課發出工作令後，缺乏一種機構運籌各所與本課之，故為此極盼賢能添設此類機構，以使工作能自均進行，且能隨時督促出品之增進。

2.工欲善其事，必先利其器。云本廠任何一所及本課均依靠第八所代製代修之工具樣板而進行工作，但一年來頗感第八所之工作能力遲緩，因而影響出品之時間性者頻頻有之。自來年度起，擬請設法加強第八所之工作能力。

3.廢品之原因不但因工具及材料之不盡善，大體係因為各所工人流動過多，缺乏優秀之

技術工人雖謂戰時不免有此現象倘若擔任直接製造之技術負責人員能各自隨時檢查及監督工作與工具當可減少無謂之廢品

4、查本廠廢品極多之原因亦有由於製造公差之規定過於嚴格而工人技術未能達到吾人所期待之精度之故除極少數另件外擬將其製造公差放大以減少廢品

5、本課之檢驗工作有可以女工充任者值此人手缺乏之際擬另招一批女檢驗工待訓練成功後將一部分檢驗工分送各所工作

6、本廠來年度出品比舊更加進展為應付此項計劃起見本課擬再添補技術員二名至三名招男工二十餘名如須訓練女工則須另招募四五十名

兵工署第十工厂材料库一九四二年度工作报告（一九四三年一月）

052

材料庫三十一年度工作報告

查本庫一年來因人事流動原有職員六人即離職四人新進五人而進料共計約三仟六佰餘噸（磚瓦木料尚未計在內）亦較往年增鉅以致整理工作僅能擇其緊要者推進所幸收發保管登記等業務尚能勉強應付謹將已經舉辦完成與尚未完成以及來年度之興革各事項分陳於後

（一）整理藥品

本庫存無烟藥六十三噸各種炸藥十噸餘均經陸續逐項整理除將署撥之三七砲藥安定性欠佳者儘先發用並將無用之廢藥呈准銷燬外其餘均按部頒危險品保管規則隔離存儲並將山洞藥庫加以修理惟該項山洞尚欠通風潮濕難免仍希來年加以改良期能達到一般

52-1

儲存危險品之標準以策安全

（二）整理鋼料

本廠由株遷移來此之接收前上海兵工廠及南昌火工作業所各種鋼鐵料其品質恒與帳簿記載發生錯誤以致第八所領用淬火時發生疑問層見不鮮業經工務處指派工程師室陳技術員鳴錚來庫協助整理將所有鋼鐵料均以砂輪磨現火花分成鋒鋼合金鋼及高中低炭素鋼馬丁鋼鐵七類其中鋒鋼與合金鋼如無牌號者即鋸下小片送請第八所淬火試驗此項工作已完成十分之六七一俟全部完成擬將所有鋼鐵料作一總盤存依據品質分列舊存與新定名稱數量對照表通知會計處同時更正以符實際彈頭鋼亦已分為鎳鉻鋼及錳鋼兩種以上各項鋼料分清

後均塗以各種顏色磁漆作為標誌備資查攷

(三)整理工具

逐批由署撥到之蔴花鑽銼刀螺絲公銑刀鉸刀螺絲鋼板等計二十七箱詳細尺寸不下一千餘種其中大部份均受潮生銹當經刷洗後塗以凡士林重行裝箱儲存並列裝箱單以便查考

(四)整理料架編列號碼

查本庫過去管料人員均係舊習難除以致全憑個人之記憶包羅萬象偶以事病請假他人代替則發生困難甚至無法覓得所需之料盤點時更感無法應付因此擬將所有材料工具儲存地点與料架編號並將所有料名料號分別記載排列對照表以便發料人員可以一目了然惟以庫房

55-1

分散全廠各處現有二十三所之多此項工作又非徹底進行不爲功惜以人事流動手不應心僅能完成一部份其餘來年當繼續推進以求全部完成

(五)佈置存儲地點

查本庫原有庫房兩所可以存儲鋼鐵銅料約八百餘噸早經儲滿故今歲下半年向署中昆宣瀘等地撥來鋼鐵銅料不下千噸不得不露天存儲當就近庫房後面空地圍以竹籬專備容納該項材料對於保管收發尚稱便利惟以日久經風雨之侵蝕銹腐頗甚長此以往難免損失殊覺可惜似有添建庫房之必要

(六)濾油房工作情形及所得廢油之數量

濾油房僅有分油機及濾油機各一部為避免發生火險計以每日各所繳來鋼鉄銅屑儘量濾完為原則但因機器能力有限僅用鉗工學工各一名小工兩名鉗工專管分油並負保護機器之責學工小工各一名専司濾油之責其餘小工一名則將濾過之鋼鉄銅屑隨時運至廠門口存放每日復工每月平均可得廢油五百加侖以上當隨時發交第五所調製冷却油似此循還利用以平均滲入百分之五十代柴油計算每月可省冷却油五百加侖即全年可省六千加侖之普

（七）裝置正直機

本年庫内裝置正直機一部専備各所自動機需用之鋼鐵銅條正直軋光之用使用以來尚稱便利惟以鋼料尚未整理完畢暫由需用部份臨時派工協助

54-1

工作來年擬僱鉗工兩名專司該項工作以便將第八所繳庫鑄銅條隨時軋光達到規定需要尺寸並將庫存鋼條逐漸正直期能達到領用部份使用時不生困難之目的

（八）關於廢品廢料之處理

關于廢品廢料之處理本廠曾奉署令組織廢品處理委員會業經工務處長兼主任委員召集會議一次對於庫存廢品廢料之處理指示週詳惟以庫房地位狹小早已儲滿不易着手分門別類整理希望來年本廠熔銅設備增加迅將所存廢銅邊料及銅屑全數熔鑄銅條騰出地位以便整理並將本廠不能利用之廢品廢料價撥他廠或呈署標賣以免久存廢棄可惜同時並將各種鋼頭按性質之不同分別存儲請由各製造所選

055

擇利用

（九）第一分庫工作情形

第一分庫專儲雜項材料原有庫員一人小工一名年來率未更動故對一切業務尚能取得連繫收發保管以及記帳均甚順利惟庫房過舊牆壁且有傾斜之勢似有修理之必要

（十）第二分庫工作情形

第二分庫為就第八所領用材料工具之便而設立年來以庫員一人學工小工各一名經過三次更動而所有收發保管亦較繁雜零星且有剪刀機及鋸床之設備如非熟習鋼料性質工具用途以及細心記帳而能任勞忍怨者平時工作當感困難以此原因不能充實内部現屆年終經派

55-1

原經手庫員譚聲洋並請工程師室陳技術員鳴錚前往整理盤存儘年内完成此項工作來年擬就第八所需用之鋼料工具儘量移儲該庫以資充實而利發領所需料架木櫥等亦擬添置若干以便保管

(十一)第三分庫工作情形

第三分庫原為第十所領用水電器材之便而設立所有職員小工均係第十所指派兼任其帳目記載尚能取得連繫收發保管業務亦能按步就班進行

(十二)第四分庫之設立及工作情形

奉命接收土木科賸料間當即先將原有磚瓦木料等加以盤点並將散存各地之木料集中遂成立第四分庫並由土木科調來職員一人小工三名專

056

司保管收發登記之責所有木料以柏木桿杉桿存儲最多將近兩年惟恐腐爛損失不貲業經商請土木科儘先領用一部份其餘悉數竪架存放尚有水泥一項庫房不敷應用除臨時借用第九所一部份廠房外業經簽奉批准搭蓋臨時庫房一所備能存儲水泥八百桶之用惟以該項土木料材各部份祇知領用而不請購補充一旦發完遇有急要則無法應付矣事關職掌本庫僅負保管收發之責不便過問來年似應指定負責部份統籌辦理即所有領用部份亦應先將領單送核始可領用期能源源供給所需不至浪費

(十三)記帳

本廠材料工具約六千餘種除總帳外各分庫另有分帳所有收發數

56-1

量均係逐日登記過去以人員不敷支配總帳僅兩人登記無暇核對有時難免錯誤現已添補一員專司核對之責分庫帳目亦每週核對一次施行以來尚有成效來年對此更應加强並希能與會計處取得密切連繫

(十四)編造報表

按規定每月月終應編造材料收發月報一次每旬應編造進料旬報表一次除旬報能按旬編造從未過期外其月報有時因人員不敷兩月編造一次來年自應設法改進

總結

以上各項來年最重要而必須推進之工作仍以整理各項材料工具為重心但以目前情形而論所有庫房處處塞滿殊感困難擬懇添建庫房兩所能容八百噸以上

057

之鋼鉄材料俾能分門别類有條不紊儲存一定地点不但易於保管即對平時

查点亦較便利多矣

055

成品庫三十一年度工作報告

查本庫一年來對於收發保管一切業務尚能順利推進所有成品解繳押運事項亦自一月份起由購置科移交接辦施行以來幸無隕越謹將本年已經舉辦完成與尚未完成以及來年度之興革各事項分陳於后

（一）整理廢砲彈

查庫存廢砲彈危險殊甚業經請由第七所派員會同整理拆卸將彈內所有炸藥與無烟藥均行取出銷燬將彈頭引信銅殼分別存儲以待利用其中尚有廢彈頭與引信共一、二七三個經第七所派員查驗銹蝕過甚不堪拆卸以免危險者亦經呈准除每種留樣十顆外其餘悉數拋棄江中

（二）接辦成品運繳

056

查本廠成品請繳通知書向由本庫填妥請由秘書室送往兵工署軍械司與普通公文一般看待故有隔十日以上者尚未奉到收入令而洽繳與押運又須經由購置科派員辦理似此往返周折以致每批成品常有半月不能送出者屢見不鮮爲求迅速計自本年一月起經購置科呈准將所有成品洽繳以及押運事項移交本庫辦理當即添用庫員一人專負此責每逢各所成品繳庫單送到後立即填具請繳通知書派該員持往軍械司與主管科員面洽請發收入令再往軍械總庫及分庫將解繳手續洽妥後即向購置科事務課與工政課洽撥車船及運輸隊隨時運繳似此進行每批成品在三日内即可解繳完畢施行以來尚稱便利

（三）佈置存儲

查本庫所有成品仍以隨到隨繳爲原則但以各製造所每日將製成數零星繳庫而

057

本庫須俟積成整數始能解繳不得不預先佈置存儲現以本廠出品種類不多共分四大類如砲彈藥包雷管擦槍器具除砲彈一項仍存原有之洞庫一段外其餘藥包則存入材料庫梯恩梯洞庫內雷管則與材料庫外購之砲彈雷管同存一處擦槍器具存入本庫庫房尚可免强容納惟來年本廠出品增多如六公分迫擊砲與彈尤須隔離存儲擬請添建洞庫以便保管

(四)成品收發情形

茲將一年來本廠奉令飭造及代各廠製造成品收發數量列表附陳

(五)關於收發文之連繫

查本廠過去關於飭造或代造之各項文件尚有未送本庫登記者以致各所繳來成品因此不知來歷須經幾度查案補行登記始能辦理收發手續爲避免此種隔閡

058

起见嗣後對於該項文件似有加强連繫之必要擬請秘書室將所有收發關于製造方
面文件加蓋成品庫木戳以便各主辦部份可以隨時送庫登記

成品庫三十一年度收發成品數量表

飭造或託造機關	飭造令或託造文字號	名稱	數量	單位	已否完成解繳	備考
兵工署	修字1319號	65信37榴彈碰炸引信	50,000	個	已完成解繳34,200個	其餘繼續製造
〃	額字590號	蘇羅通二公分榴彈	20,000	顆	上年解繳10,000顆本年解繳10,000顆	
〃	額字622號	蘇羅通二公分榴彈	30,000	顆	已完成解繳	
〃	加字1004號	47公分海砲破甲彈彈頭	1,260	顆	已完成解繳	
〃	加字1166號	德式37公分戰防砲空砲彈	200	顆	已完成解繳	
〃	〃	歐力根二公分高射砲空砲彈	300	顆	仝上	
〃	加字1177號	元柱形藥包	100	個	仝上	
〃	額字675號	蘇羅通二公分曳光榴彈	30,000	顆	仝上	
〃	額字692號	方形藥包	100,000	個	仝上	
〃	額字706號	蘇羅通二公分曳光榴彈	10,000	顆	仝上	
〃	〃	蘇羅通二公分榴彈	20,000	顆	仝上	
〃	〃	元形藥包	10,000	個	仝上	
〃	加字1197號	歐力根二公分榴彈	50,000	顆	已完成35,000顆並已解繳	餘均停造
〃	加字1182號	方形藥包	10,000	個	已完成解繳	
〃	〃	八號雷管	250,000	個	仝上	
〃	〃	擦槍器具	25,000	套	仝上	
〃	加字1207號	八號雷管工作順序模型	1	套	仝上	
〃	額字722號	蘇羅通二公分曳光榴彈	20,000	顆	仝上	
〃	〃	蘇羅通二公分榴彈	10,000	顆	仝上	
第二十五工廠	工世字794號	13號手槍彈爆炸管裝藥	150	枚	已完成撥交165枚	
兵工署	加字1210號	方形藥包	250	個	已完成撥交	
〃	額字742號	蘇羅通三七公分榴彈	5,000	顆	已完成解繳	
〃	額字766號	蘇羅通二公分榴彈	10,000	顆	仝上	
〃	加字1223號	方形藥包	100	個	仝上	
〃	額字785號	蘇羅通二公分榴彈	20,000	顆	仝上	
〃	〃	方形藥包	110,000	枚	已解繳31,000枚	餘候令辦理
〃	製字893號	第一式火帽	100,000	枚	已撥交40,000枚	其餘繼續製造
〃	〃	第二式火帽	100,000	枚	已撥交52,170枚	仝上
〃	代字431號	第七式傳爆管	30,000	個	已撥交23,944個	仝上
〃	修字1631號	雷管	3,000	枚	已完成撥交	
〃	額字804號	蘇羅通二公分榴彈	10,000	顆	仝上	
〃	加字1232號	八號雷管	250,000	個	已解繳28,000個	其餘繼續製造
〃	〃	擦槍器具	25,000	套	已解繳19,000套	仝上
〃	加字1244號	元形藥柱	500	枚	已完成存庫待交	

兵工署	加字1257號	方形藥包	500,000	枚	已解繳60,000枚	其餘陸續製造
〃 〃	額字833號	蘇羅通二公分榴彈	20,000	顆	已完成解繳	
〃 〃	〃 〃	蘇羅通二公分曳光榴彈	10,000	顆	仝上	
〃 〃	額字875號	蘇羅通二公分曳光榴彈	20,000	顆	仝上	
〃 〃	〃 〃	蘇羅通二公分榴彈	10,000	顆	仝上	
〃 〃	〃 〃	蘇羅通二公分曳光彈	25,000	顆	仝上	
〃 〃	〃 〃	蘇羅通三七公分榴彈	10,000	顆	已完成解繳3,500顆	其餘陸續製造
〃 〃	〃 〃	歐力根二公分榴彈	15,000	顆	已完成解繳	
軍政部第一紡織廠	一紡總世1093	左輪手鎗	1	支	已修理完成撥交	
第三十工廠	渝州三21607	八號雷管	100	枚	已完成撥交	
技術司	渝(卅)驗0700	平面銑刀	22	把	已完成待交	
〃 〃	〃 〃	平壓花刀	4	把	仝上	
〃 〃	〃 〃	斜壓花刀	4	把	仝上	

三十一年十二月二十三調製

104

閱

購置科三十一年度工作報告

本科主要業務為採購及運輸兩項，謹分別陳報於后：

一、採購

本年度全年採購材料，共計總值三千二百六十四萬元，分列六項（如附圖二）、

（一）五金　估總值　八七%

（二）土木　〃　三·一%

（三）機器　〃　二·八%

（四）燃料　〃　五%

（五）醫藥　〃　一·二%

105

(六)雜料　〃　〇.九%

前項材料、大部由兵工署及各友廠以及其他機關撥發、(如附圖二)、價格便宜、如照市價計算、至少在十倍以上、

謹將本年訂購合同彙列如左：

日月	合同號碼	商號名稱	品名及數量	總價	備註
26/1	2103	永安電磁廠	磁用陶瓷料一批	一〇、六〇〇〇〇	已清結
27/1	2104	華新建築材料行	青磚五萬塊	一〇、九五〇〇〇	〃
20/2	2105	義記木行	大市椅子一批	二三、一三三六〇	〃
18/2	2106	重慶集義永	瓦管五〇〇根	四、一七五〇〇	〃
27/2	2107	順泰鐵工廠	方螺絲帽四千只	四、〇〇〇〇〇	〃
27/2	2108	康益工業社	綫膛通條頭五萬件	二七、五〇〇〇〇	〃
28/3	2109	永安電磁廠	磁用陶瓷料一批	三、一六〇〇〇	〃
31/3	2111	正中大藥房	Tinckurp ergat 等一批	三九、七一〇〇〇	〃
31/3	2112	大众大藥房	Acid Salicyl 等一批	七、八四〇〇〇	〃

107

13/4	2113	港渝利興貿易号	Atebrin 等一批	三〇、六五七〇〇	已清结	
1/3	2114	協利商行	1941年全新福特卡车一辆	五九、〇〇〇〇	〃	
13/4	2115	許長發	青磚拾萬块	三、五〇〇〇〇	〃	
17/4	2116	永丰祥	石灰五百担	八、〇〇〇〇〇	〃	
17/4	2117	四川建華黑药厰	黑炸药四千五百斤	五一、七五〇〇〇	〃	
20/4	2118	永記五金号	水肥皂二千磅	五、六〇〇〇〇	〃	
23/5	2120	康益工業社	弹槽毛刷五千把	二七、五〇〇〇〇	〃	
27/5	2121	正中大药房	Acid Boric 等一批	三八、七五四〇〇	〃	
27/5	2122	華新電気冶金公司	6cm 迫击砲弹体百六只 一〇九八只	二一、七四〇四〇	〃	東十〇九小朱
11/6	2123	〃	黄铜梗五千公斤	三一、〇〇〇〇〇	〃	

日/月	合同号碼	商號名稱	品名及数量	總價	備註
10/6	2125	昆明中一實業公司	電焊機一具	一四〇、〇〇〇〇〇	已清結
21/6	2126	華新公司	双轆軋研砂机一部	八五、六四二〇〇	未清結
9/7	2129	上川实業公司	TL2530 臺式六尺车床十五部	七五〇、〇〇〇〇〇	〃
12/6	2130	中一实業公司	双桿六尺車床一部	五八、〇〇〇〇〇	已清結
24/7	2131	致民木廠	松木一批	一一、八〇〇〇〇	〃
5/8	2132	大众大藥房	Pulv. Rhei 等批	四一、七七〇〇〇	〃
〃	2133	正中大藥房	Febron Amp 等批	二一、一一〇〇〇	〃
〃	2134	上海藥房	Spt. Amm Aromat 一批	二二、六一七五〇	〃
7/8	2135	公益藥房	P.K. 2 Prs 等印金字一批	二三、七〇〇〇〇	〃

109

11/8	2136	永利祥木器鋪	柏木箱一批	二一、六〇〇	〇〇	〃
〃	2137	王鳴發記	皮杉桿三百根	二一、〇〇〇	〇〇	〃
8/9	2138	玉丰皮帶廠	牛皮帶一批	一〇、七四二〇	〇〇	〃
22/9	2139	新川建設公司	木料一批	九三五、七〇〇	〇〇	未清結
21/6	2140	中一實業公司	1941年式新道奇卡車三輛	二五、〇〇〇	〇〇	已清結
24/10	2141	羅光壇	石墨粉一千五百公斤	四二、〇〇〇	〇〇	〃
22/9	2142	順昌鉄工廠	高压離心鼓风机廿四只	二三九〇〇	〇〇	〃
〃	2143	〃	37引伸機曲軸代車十只	三二、四〇〇	〇〇	〃
7/11	2144	上海華西藥房	小蘇打三三六磅	二一、五〇四	〇〇	〃
11/11	2145	廣東藥房	Acid Hydrochloric 1批	三三、五八〇	〇〇	〃

月日	合同号碼	商號名稱	品名及数量	總價	備註
4/11	2146	南康改新车廠分莊	縫衣机六部	八七、〇〇〇〇 〇〇	已清結
12/11	2147	意誠印刷局	对開切紙机一部	七〇、〇〇〇〇 〇〇	〃
16/11	2148	鄭文南	天然白石五千块	二〇、〇〇〇〇 〇〇	〃
23/11	2149	康益工業社	线膛通條玑三万五千件	三六、七五〇 〇〇	〃
20/11	2150	湯國華	刨鉄二三六吨	二〇、二四〇 〇〇	〃
18/11	2151	仁康木行	夹心提压杉枋六〇〇块	三九、六〇〇 〇〇	〃
26/11	2152	榮利祥	土黄腊一千市斤	三三、〇〇〇〇 〇〇	〃
3/12	2153	競業貿易行	鍍鋅鉄絲八〇〇公斤	六四、〇〇〇〇 〇〇	〃
〃	2154	建國机器廠	六呎單桿車床五部	二五〇、〇〇〇 〇〇	未清結

111

9/12	2155	同興机器廠	双輪砂輪架三部	二六、四一〇	〇〇	已清结
9/12	2156	榮祥号	白蜡黄蜡五千市斤	一八四、〇〇〇	〇〇	〃
9/12	2157	永利祥木器舖	木箱一批	七八一、〇〇〇	〇〇	未至交貨期
16/12	2158	利川木行	杉木一批	四六、七四〇	〇〇	已清结
19/12	2159	順昌鉄工廠	鼓風機一部	一六五、〇〇〇	〇〇	〃
23/12	2164	順記五金號	橡皮管一五〇英尺	二二、五〇〇	〇〇	〃

二、運輸

本廠運輸，全憑舟車，計全年運廠材料，共計三千六百八十五噸。

(一)陸運

本廠原有卡車八輛，其中以一九三七年福特車一輛，駛用日久，損壞不堪，又一九三九年法果車一輛，八月間在由昆駛筑途中，機件突生故障，遂致傾覆，均已先後呈准報廢，為增加運輸能力計，復絡續在昆新購車輛四輛，目下共計十輛。

本廠卡車之用途，以運輸材料與接送人物同為重要任務，似難以運料之多寡，衡定效率之高低，茲將每車

113

全年所行里程，列表如附圖三。

本廠又因滯留滇境材料甚多，需於短期内運畢，此非本廠卡車運輸能力所能全部勝任，特約永利公司及川滇東路運輸局先後代運至瀘縣，再以船運抵廠。

計永利公司代運一百〇六噸

川滇路局代運一千〇十八噸

(二)水運

本科原有四艙撥船三艘，小划一艘，職接任之初，即有四艙撥船二艘腐蝕不堪，棄置未用，當即報廢，故實際上只有大小船各一艘（大船可裝二十噸，小船裝二噸）經常公差在外。

毫無餘暇，不足時，另向軍委會四川省船舶總隊部撥船航用，船費概照官價支給。

凡由滇境陸運至瀘者，大部交民生公司輪運，總計全年輪運為一千〇七噸。

115-1

115

附圖三

輛數	車輛名稱	車號	行駛里程（公里）	附記
1	1941年道奇	22699	10,856	
2	1941年道奇	22700	10,104	
3	1941年道奇	22750	5,280	本年新購七月間始行駛
4	1941年道奇	22828	4,177	仝上
5	1941年道奇	22829	5,184	仝上
6	1939年福特	22837	3,890	
7	1941年福特	22882	11,938	本年新購二月間始行駛
8	1939年福特	88268	3,940	
9	1939年福特	88269	6,841	
10	1939年福特	88270	12,644	
11	1939年法果	88271	4,521	已報廢
12	1937年福特	88322		已報廢

三、興革意見

（一）本廠全年需用雜料、擬請指定某一部份統籌、一次採購、如零星採購、人力物力均不經濟、（如本年採購箋席一項共計三千三百張、前後採購十次、單價自三元至六元不等）

（二）明年限價政策實施後、對於採購人員自有遵循、如有物價在限價以上者、寧缺勿購、

（三）辦公用品及如床桌等類之固定資產之採購、前奉明令由事務課辦理、擬請再申前令、不得混淆、

（四）醫藥及土木材料、擬請由各該部份自行採購、可期迅捷、亦免外行之譏、

兵工署第十工厂工务处第二、三所一九四二年度工作报告（一九四三年一月）

68
085

工務處第二所三十一年度工作報告
三

（一）工作概況

本年工作可分二期前期為一月份至五月份以製造二公分砲彈另件為主體後期以六月份至十二月份以製造三公分七砲彈另件為主體茲分述如左

一月份二公分砲彈另件為主三公分七砲彈另件為副代五十一廠製造六公分迫砲另件五百套

二月份二公分砲彈另件為主三公分七榴彈頭因無材料即行停造其他三七另件照常製造

三月份同右代第一所車製歐力根銅壳車底一萬五千發

四月份同右

五月份二公分砲彈另件為主三七破甲彈頭熱處理開始試驗試造二公分破甲彈另件

六月份二公分砲彈另件結束三七破甲彈為主體製造六公分迫砲彈尾管

69-1

七月份三七榴弹头材料已到开始制造三七破甲弹头道做数已将满故头道略减少

八月份三七榴弹为主破甲弹次之代第一所车欧力根铜壳（车底）一万五千发

九月份三七榴弹及破甲弹为主六公分迫炮弹尾管停造加造二公分欧力根曳光榴弹

十月份同右并代第一所车制欧力根铜壳（车底）四万发

十一月份同右

十二月份二公分欧力根曳光榴弹头及代第一所车三七铜壳（车底）三万发为主三七炮弹另件次之，并准备六公分迫炮另件制造

（二）人事

本所现有技术员三人事务员四人一年来变动尚小已能应付现状

工人方面现有技工十八名学工二十五名检验工六名小工三十三名仅能应付目前工作如明

年度再行加造六公分迫砲及砲彈另件技工及學工猶稍感缺乏

(三)出品

本年完成之主要成品及半成品數量詳見附表

(四)用料

甲、正料 本年用去之主要正料數量詳見附表

乙、副料 本年用去之主要副料數量詳見附表

(五)技術方面之改進

甲、三七破甲彈頭體之熱處理

三七破甲彈頭之熱處理甚為困難其應具之硬度亦無藍本可供參考，開始試驗時漫無標準費時數月先後經數十次之試驗及試射業已獲得相當滿意之結果

070

70-1

乙、水壓試驗

破甲彈頭在熱處理時稍有不慎材料甚易發生龜裂或其他病疵以致不能耐受高壓但此點亦為砲彈發生膛炸之主要原因之一製造砲彈時水壓試驗甚為重要原有水壓試驗機因設備不全或構造欠周經多次試驗及改造水壓試驗已無問題

丙彈帶脫落

彈帶脫落原因有二一為油壓機本身壓力之不夠二為彈帶材料之硬度太高前者因限於機力無法補救彈帶材料之硬度經多次試驗使硬度減低彈帶脫落問題當不致再行發生

丁砲彈洗滌

砲彈另件之洗滌原用汽油但汽油來源缺乏無法補充嗣改用代汽油煤油及代

煤油、但代汽油等之生產能力有限，補充亦感不易，且價格昂貴，為節省物力及減低成本起見，曾用碱水酒精等各種方法試驗，結果不佳，最後曾用高壓清水冲洗結果頗佳，故自本年十月份起即改用清水洗滌以代汽油之洗滌

（六）設備方面之增添

甲、煤氣淬火爐之按裝

煤氣淬火爐因輾轉運輸，以致原有裝箱均已破散，機件殘缺不齊，且受雨淋日曬，甚為銹爛，故按裝時整理甚費時日

乙、其他機器試備方面亦有增添，因太繁瑣，故從略、

（七）、管理方面之改善

甲、用料之登記及統計

三十年度因管理材料人員多次更動，故未能有一定之方針，自本年度起，工人領用正料之數量，因實際情形之不同，或每日結算一次，或每星期結算一次，或每月結算一次，其所領用之數量必與其製繳另件之數量相符合。

至於副料之消耗，亦每人每日加以登記，並於月底統計之，藉可比較及考核其用料是否節省。

乙、工作單之改革。

新改之工作單係每人每月一張，逐日登記其工作名稱、工作時間、製成件數，所領用之正料數量亦填於此單上，如該工因病或因事請假時，亦於工作單上填明，故在工作單上不僅可看出工人一月來之工作情形及曠、假狀況，並可作為考績及核料之根據。根據本所一年來使用之經驗，此單使用甚為方便，目前第

72

072

一所及第九所均已採用矣、

(八)來年興革意見

甲、山峒通風洞問題

本所山峒空氣甚為污濁，主要原因為一端無洞口、(即與工具所相鄰一段)，以致空氣無法流通，今年雖添裝拉風管設備，但因風管製造欠妥，漏風甚劇，幾度修理，仍無效果，為工人健康計，通風問題亟待解決、

乙、檢驗結果之統計

為減少製造之廢品成數及考核工人工作成績，分道檢驗甚為重要，以往雖有檢驗，而缺詳細正確之統計，自本年度起每人每道工作均作詳細之統計，以供技術改良之參考、

721

丙、明年將開始製造六公分迫擊砲及砲彈

本所担任製造一部份之另件，各種另件之製造方法、工作順序、應用機器工具及其工作時間，均亟待確定，詳為記錄，但此項工作甚為艱巨，須費相當時間及人力乃能完成。

074

主要成品及半成品數量表 三十一年製（一）

名稱	件號	工作順序	製成件數	繳出數量	附註
二公分蘇式曳光榴彈頭	1310	6		19,381	
二公分銅圈	1320	1	194,562		
二公分榴彈引信體	1411	1	20,779	200,031	
二公分破甲彈頭體	2311	1	11,668		
	2312	2	8,221		
二公分破甲彈底引信體	2411	1	3,021		
	2412	2	137	137	
三七銅壳底火體	3211	1	277,443		
	3212	2	270,656		
	3213	3	251,686	125,581	
	3210	4	107,489	96,057	
三七榴彈頭	3311	1	69,197		
	3312	2	19,568		
	3313	3	60,001		
	3315	5	64,455		
	3310	6	19,208	54,220	
三七銅帶	3320	1	110,155		
三七榴彈引信體	3411	1	79,461	4,909	
	3412	2	73,725		
	3410	3	73,213	52,418	
俄式引信體	413	3	31,638	29,519	
	410	5		5,662	
三七破甲彈頭體	4311	1	71,042		
	4312	2	65,702		
	4313	3	26,497		
	4314	4	25,157		
	4315	5	20,777		
	4316	6	21,280		
	4310	7	20,736	12,507	
三七破甲彈緊密圈	4460	1	11,711	4,752	

73

2073

主要成品及半成品數量表 三十一年製（二）

名稱	件號	工作順序	製成件數	繳出件數	附註
二公分歐力根銅殼	5132/1	1	102,314		
	5133	2	102,984		
	5132/2	3	99,161		
二公分歐力根榴彈頭	5311	1	19,875		
	5312	2	29,529		
	5313	3	43,608		
	5314	4	59,186		
	5315	5	61,374		
	5310	6	16,978	53,520	
二公分蘇式榴彈頭	8311	1	35,511		
	8312	2	34,865		
	8313	3	75,948		
	8314	4	92,170		
	8316	6	95,241		
	8310	7	95,301	102,212	
二公分蘇式曳光彈頭	9310	1	23,110	24,071	
六公分迫擊砲彈彈尾管	A7-1/1	1	7,678		
	A7-1/2	2	4,200		
	A7-1/3	3	3,811		
	A7-1/4	4	2,249	2,294	
二公分歐力根曳光榴彈頭	B21-2/1	1	40,693		
	B21-2/2	2	39,889		
	B21-2/3	3	39,762		
	B21-2/4	4	41,183		
	B21-2/5	5	39,463		
	B21-2/6	6	38,633	22,015	
油壺蓋螺	187	1	34,512		
油壺口螺	189	1	44,564		
三七銅殼	3218	1	32,999		

175 主要正料消耗數量表 三十二年製

材料名稱	實用數量(m)	重量(Kg)	用途		製成件數	每件用料(mm)	成品長度(mm)	附註
			件號	名稱				
1 1/2" 錳鋼	6,390,86m.	57,517,774kg.	3311	三七榴彈頭	69,197	92,357	85,5	
1 1/2" 鎳鉻鋼	8,118 m.	73,062 "	4311	三七破甲彈頭	71,042	114,27	106	
1 1/4" 黃銅条	3,290,6m.	21,948,3 "	3411	三七榴彈引信體	79,461	41,41	34,7	
11/16" "	5,258,46m.	10,517 "	3211	三七銅殼底火體	277,443	18,9	14,5	
36.3mm/44.5mm 紫銅管	1,493,99m.	6,873,752 "	3320	三七銅帶	110,155	13,2	12	
22mm/28mm "	39,875m.	84,2 "	4460	三七緊密圈	11,711	3,4	2	
7/8" 鎳鉻鋼	2,562,5m.	7,892,5 "	8311	二公分蘇式榴彈頭	35,511	72,1	63,5	
7/8" "	946,5 m.	2,915,22 "	5311	二公分歐式榴彈頭	19,875	74,3	66	
7/8" 軟鋼	421,45 m.	1,273,5 "	"	"				
7/8" 馬丁鋼	106,66m.	426,12 "	"	"				
7/8" 錳鋼	2,965 m.	9,132,2 "	B21-2/1	二公分歐式曳光榴彈頭	40,693	72,8	66	
7/8" 鎳鉻鋼	975 m.	3,003 "	2311	二公分破甲彈頭	11,668	83,5	74,5	
3/4" "	108,75m.	251,4 "	2411	二公分破甲彈底引信體	3,021	36	32,1	
5/8" 黃銅条	456,86m.	776,66 "	187	油壺蓋螺	34,512	13,7	11	
11/16" "	15,59 m.	31,2 "	"	"				
5/8" "	382,75m.	623,36 "	189	油壺口螺	44,564	8,5	6	
1" 軟鋼	28,27 m.	122,8 "	D4-12/1 A7-1/1	彈尾管	7,678	83	72,5	
1 1/8" "	83,52 m.	435,7 "	"	"				
1 1/8" 馬丁鋼	525,6 m.	2,830,3 "	"	"				
3/4" 黃銅条	4,655,12m.	11,222 "	1411	二公分榴彈引信體	200,779	2,3	19	

76

主要副料消耗統計表 三十一年製

名稱	單位	1	2	3	4	5	6	7	8	9	10	11	12	合計
冷却油	加侖	361,5	373,5	545	35	/	/	/	/	/	/	/	/	1,315
ELS機油	〃	12	/	/	/	/	/	/	/	/	/	/	/	12
S.機油	〃	88	91,25	105,75	108	127	83	95	36	53	87,5	37	42,5	954
甲種機油	〃	/	/	/	/	/	/	/	15	15	0	15	/	45
精製廢油	〃	/	/	/	754	617	816	675	350	426	457,5	346	122,5	4,564
代柴油	〃	114	99	0	58	10	144	/	/	/	/	/	/	425
汽油	〃	17,375	16,625	23,5	48	27,5	84	13,5	/	/	/	/	1	231,5
代汽油	〃	/	/	/	/	44	9	0	0	0	0	5	/	58
代火油	〃	26,75	86,5	97	52	/	/	/	/	/	/	/	/	262,25
煤油	〃	/	/	/	/	/	/	31	24,75	21	4,75	9,25	5	95,75
菜油	公斤	185,5	/	/	/	/	562	/	/	/	/	/	/	747,5
黄牛油	〃	0,3	0,2	0,5	2	1,5	0,5	1	1	1,5	0,5	0,5	0,5	10
40W灯泡	只	19	6	3	6	9	8	3	2	0	6	18	23	103
50W〃	〃	/	/	/	/	/	/	/	/	/	/	3	/	3
60W〃	〃	/	/	/	/	/	/	/	/	/	/	8	3	11
75W〃	〃	/	/	/	/	/	1	6	/	/	/	/	/	7
100W〃	〃	7	/	/	/	/	/	/	/	/	6	/	/	13
40W螺絲灯泡	〃	/	22	23	9	15	8	14	2	16	25	/	/	134
100W〃	〃	9	1	2	2	/	/	3	/	/	4	2	/	23
12"鋸条	支	26	14	26	23	27	16	7	2	3	0	7	8	159
#1砂布	張	39	7	/	/	/	/	/	/	/	/	/	/	46
#1/2〃	〃	/	10	20	16	10	4	/	/	/	/	/	/	60
#2〃	〃	/	/	/	/	/	5	6	2	9	3	1	6	32
#240〃	〃	7	6	10	10	6	2	2	3	3	0	2	2	56

090

铁副料消耗统计表 杭

工務處第四所三十一年度工作報告

第四廠卅一年度工作報告

(一)人事：甲 職員：本廠除廠長外有技術員二人及事務員二人，技術員何惠君及任驤均于卅年八月後進廠，對工作頗為生疏，經數月之訓練後勉可應付經常事務。而任驤復于五月後久假未歸，人手更形缺乏，許多應辦事務未能兼顧進行。事務員幾經更動，現有章子猷、胡文彬、任子初三人，尚可推進日常事務。十一月曹蔚祥擢升為技術員，分担一部分管理工作。

乙 工人：工友流動性甚大，其逐月變化情形為附表車工由廿五人減至十五人，學工由十七人增至廿五人，顯示整個技術水準之低落，至為可慮。

(二) 出品：詳附表

(三) 用料：詳附表

(四) 技術：本年度除續做二公分榴彈引信外，完成三七榴彈及破甲彈另件試造工作，二留離心子系外料用完後，試驗冷拉熱壓皆未成功，暫時用車床刨槽代用。二七破甲彈引信件因鉆眼工作困難，提議更改設計，經試驗後採用。歐立根Rotor式瞬發引信仿造工作于二月終完成，自三月份起開始研究六公分迫引，因砲及彈于十月初運到故進行遲緩，經多次之試驗更改，已有相當結果，惟尚需大量試驗其他關于施工技術之改良工具之添增不及備述。

(五)設備：增加沖床三部，以備來年沖製彈尾翼。

(六)管理：本所過去因管理人員能力太差，材料管理頗欠週密，經更調後加強用料管理，每日登記發出及繳回材料數量，並登記製品件數隨時核對，機器附件登記完畢後，發出應用之另件均有詳確記錄，本所因無工頭及領班，而技術員均缺工作經驗，故調一部分技藝優良之技工專做校車工作以資補救。

（七）機器：本年下半年因另件大部做齊，明年度出品未定，轉手生活極少，致關掣之機器甚多，自動車有時竟全無工作，估計機器關掣時間占全部開動時間百分之六十以上。

（八）卅二年度之興革意見：本所出品廢品率甚高，其主要原因為職工均不能安心工作。職員經驗欠豐，工人多係新手，加以試造工作大家無經驗，盲人瞎馬，更難有良好結果，此係根本問題，將能設法改善。

092

三十七年度第四所工人進出統計表

工别 月份	鉗工			車工			學工			小工			檢驗工			藝徒		每月總數	附記
	原有	僱工	解僱	原有	僱工	解僱	原有	僱工	解僱	原有	僱工	解僱	原有	僱工	解僱	原有	解僱		
1	10		1	25	3	2	17	15		21	4	9	6		2	8	1	94	
2	9		1	26	1	3	32	4	2	16	4	3	4			7	1	93	
3	8			24	1	2	34	3	4	17	4	3	4			6		92	
4	8		1	23		2	33	2	1	18	3	4	4			6	1	88	
5	7			21		1	34	2	2	17	2	1	4			5		88	
6	7			20		2	34	1	3	18		1	4			5	3	80	
7	7	1		18	1	1	32		6	17			4			2	2	73	
8	8			18		1	26		1	17	4	1	4					74	
9	8			17			25	4		20		1	4					77	
10	8			17		1	29	1	2	19		1	4					74	
11	8		1	16		1	28		4	18			4					68	
12	7		1	15			24	1		18	1		4					69	
十二月底總共人數	6			15			25			19			4					69	

製表　　所長

093

叁拾壹年副料消耗統計表

料名	單位	數量	料名	單位	數量
普通燈泡 100w	個	11	水肥皂	公斤	280
普通燈泡 75w	個	56	純碱	公斤	160
普通燈泡 60w	個	5	燒碱	公斤	300
普通燈泡 40w	個	47	塊煤	公斤	13,000
螺絲燈泡 40w	個	20	鋸条	支	216
柴油	加侖	53	砂布 #0	張	46
代柴油	加侖	530	砂布 #1½	張	122
冷却油	加侖	636	砂布 #2	張	12
精製廢油	加侖	318	白粗布	疋	52 4/5
菜油	公斤	50	牛皮帶 2"	公尺	25.2
"S"滑軸油	加侖	265	牛皮帶 1½"	公尺	53
火油	加侖	38	皮帶扣 #25	支	90
煤油	加侖	22	皮帶扣 #3	支	16
汽油	加侖	20	絞叁角橡皮帶 B75	根	13
代汽油	加侖	20	絞叁角橡皮帶 68	根	8
肥皂油	公斤	60	絞叁角橡皮帶 A31	根	6

84

編號	零件名稱	數量	單位	附註
3483	溜針毛	50,279	個	
3490	溜梢毛	173,045	〃	
3495	溜簧剪	51,951	〃	
4420	波延銑	107,664	〃	
4430	波針鉆	107,519	〃	
4450	波梢毛	13,580	〃	
4340	波銅	5,664	〃	
4350	波軟	77,340	〃	
4360	波紙	2,800	〃	
4610	波光切	32,178	〃	
4620	波底括	56,921	〃	
181A	擦片成	137,077	〃	
185	擦壺圈	123,656	〃	
187	通条螺帽	51,250	〃	
五十廠代製	二一式火帽底片	87,340	〃	
〃〃〃	二一式火帽盖片	283,550	〃	
〃〃〃	二一式火帽壳	227,192	〃	
〃〃〃	小銅管	155,386	〃	
〃〃〃	管帽	69,625	〃	
〃〃〃	管套	30,615	〃	

P4-1

編號	零件名稱	數量	單位	附註
2360	銅圈	61,760	個	
2420	刮延銑	9,982	〃	
2610	刮光切	2,250	〃	
2630	刮底冲	184,051	〃	
2710	甲壳切	82,683	〃	
2720	甲片	715,920	〃	
2730	甲圈	346,990	〃	
2740	甲紙	100,000	〃	
3160	紙蓋	107,010	〃	
3210	〃底銑	58,178	〃	
3220	砧車	136,707	〃	
3240	網片	206	g	
3250	〃圈	113,090	個	
3260	〃帽切	194,343	〃	
3340	溜軟	80,654	〃	
3420	離座成	43,105	〃	
3430	溜壽滑	186,419	〃	
3440	溜片捲	71,946	〃	
3450	溜推車	110,475	〃	
3460	溜蓋	173,840	〃	

P4-2

編號	零件名稱	數量	單位	附註
1210	二底切	270,168	個	
1211	二底片	5,000	〃	
1340	墊紙圈	211,380	〃	
1410	墊信鉆	203,737	〃	頭道工作非本所製。
1420	頂修	183,185	〃	
1430	墊[illegible]毛	586,652	〃	
1440	墊片整	214,173	〃	
1450	墊木車	290,579	〃	
1460	墊蓋	463,135	〃	
1470	墊座鉸	273,131	〃	
1484	墊針毛	395,103	〃	
1490	驗車	245,130	〃	
1510	榴管毛	147,026	〃	
1520	榴套眼	215,000	〃	
1525	套帽切	329,398	〃	
15620	歐墊底挖	15,916	〃	
1610	墊光切	74,400	〃	
1620	墊底拈	88,356	〃	
2340	刮紙	17,000	〃	
2350	刮軟	22,670	〃	

094

84-5

叁拾壹年度製品統計總表

[redacted]

第四所製

095

叁拾叁年度五料消耗統計表

第四所製

尺寸	料名	單位	數量	用途	附註
7/8"φ	黄銅条	公斤	1694	三七離心子座	
22φ	黄銅条	公斤	904	三七離心子座	
14φ	黄銅条	公斤	578.2	二公分頂螺	
11φ	黄銅条	公斤	3085.8	雷管壳，通条螺帽	
9φ	黄銅条	公斤	1,188.8	砧螺	
7φ	黄銅条	公斤	282.9	傳爆管，三七破甲彈火帽座、擊針	
5φ	黄銅条	公斤	38.2	二公分火帽座，二公分破甲擊針	
3φ	黄銅条	公斤	39.6	駐螺	
5/8"φ	黄銅条	公斤	17	油壺蓋螺	
	二公分定形銅条	公斤	1080.1	二公分離心子	
	三七離心子銅条	公斤	2.5	三七離心子	頭道皆于卅年做好

尺寸	料名	單位	數量	用途	附註
5φ	鋼筋	公斤	1,056.4	二公分榴彈擊針，三七榴彈擊針	
1 1/8"φ	引信鋼	公斤	10,516.2	〃七破甲彈引信体	
5/8"φ	底螺鋼	公斤	2,852.5	底螺	
3/8"φ	鋼条	公斤	44.6	〃公分破甲底螺	
1/4"φ	炭素鋼	公斤	36	小螺絲	五十廠代製品
9φ	鋁条	公斤	106.8	〃七延期管	
8φ	鋁条	公斤	238.8	〃七擊針座	
7φ	鋁条	公斤	43.8	〃公分擊針座	
	電影片	公斤	11	膠片	
1 m/m	軟木板	張	158	〃七軟木圓	
1 m/m	黄紙板	平公方尺	309	〃七紙蓋	

097

098

尺寸	料名	單位	數量	用途	附註
0.3㎜	黃紙板	張	59	六糎紙墊圈	
	航空箋	本	7	墊圈	
	碎牛皮	公斤	66	油壺圈	
	#32金牌白鋼絲	公斤	0.454	擊針簧	
0.3㎜	白鋼絲	公斤	2.4	〃 〃	
1.2φ	白鋼絲	公斤	23.6	離心子銷	
0.8φ	黃銅絲	公斤	7.7	三八式破甲保險銷	
	白薄綢	尺	1	三八式破甲彈絲片	
11.1φ×9.1φ	黃銅管	公斤	498.9	六糎曳光管	
10.1φ	黃銅管	公斤	44	三七 〃 〃	
10φ	黃銅管	公斤	104.5	〃 〃 〃	

尺寸	料名	單位	數量	用途	附註
1.1m/m	黃銅皮	公斤	194	底火壳	
0.5m/m	黃銅皮	公斤	4,266.9	油壺蓋片	
0.4m/m	黃銅皮	公斤	1,010.9	二公分榴彈內套、底火帽壳	
0.35m/m	黃銅皮	公斤	125.1	內帽	
0.33m/m	黃銅皮	公斤	1	底火帽壳	
0.30m/m	黃銅皮	公斤	50	內帽	
0.25m/m	黃銅皮	公斤	174	〃 〃	
0.1m/m	黃銅皮	公斤	30	內帽、蓋片	
0.55m/m	紫銅皮	公斤	165.3	二式火帽壳	五十廠代製品
0.35m/m	紫銅皮	公斤	50	二式火帽蓋片、二式火帽底片	〃 〃 〃
0.2m/m	紫銅皮	公斤	1.2	〃 〃	〃 〃 〃

099

100

尺寸	料名	單位	數量	用途	附註
0.1 m/m	紫銅皮	公斤	27.6	二式火帽蓋、二式火帽底片、被甲銅圓	五十廠代製品
0.08 m/m	紫銅皮	公斤	43.9	〃 〃 〃	〃 〃 〃
	子夾銅皮	公斤	299.3	片簧	

兵工署第十工厂工务处第六所一九四二年度工作报告（一九四三年一月）

铁副料消耗统计表

第六所三十一年度工作報告

002

103

目錄

1051

六、氐火帽之整理

（五）檢討

一、半成品及材料之轉手數

二、代造品之規格及驗收

三、曳光榴彈之改造

四、工人之管理

附表

一、工友進出一覽表

二、機器工作及休憩時間表

三、製品數量表

1104

四、所用之主要正料數量表

005

第六所三十一年度工作報告

本所本年度工作較三十年度稍見繁重，職員工人均感不敷分配，然經全體員工之努力，趕造出品數量亦達到預定標準。茲將經過情形分項簡畧報告如下：

（一）人事

本年度開始時本所有職員三人，所長一人，事務員二人；工人三十四人，大工三十人，小工四人。七月間技術員曾國良到差，自第五所接收發製火帽延期管之工作。十月間事務員袁禮樑離職，事務員黃承成抵補。綜計袁事務員在所工作一年，對於各項材料真賬册之設立貢献頗多本所工人人數最少今年解僱之火工較去年多尤以六月至九月為最多幾去三分之一之人數是時工作較少故對手藝平庸品行較劣者畧加淘汰至九月下旬工作突增工人頓感不足頗有提襟見肘之勢積極添補亦僅達年初之人數預計明年度之工作較今年更見繁多須增至五十人始足支配本年度本所工人之進退情形詳見附表一

(二)工作及出品

本年度本所工作可分為三期第一期一月至六月此期中電光管已存有相當數量足敷應用僅有髹飾色之工作此項工作係隨時接奉到之工作令定其數量不能有

006

預定計劃極感支配之不易

第二期六月至九月此期中〃藥包之發製工作因添加安全設備而暫停另自第五所接收#531廠房暨全部設備從事火帽及延期之發製因製品存有相當數量工作亦不緊張

第三期九月至十二月是時油壓機之安全設備裝置完竣火帽亦需趕造京有工人遂不敷分配乃依製品之需要緩急先後訂一次序一時期內只製一種製品使火工集中以補救火工之不足中途因半成品之不足未能完全依照預定次序

各月份出品情形詳見附表二

(三)用料

本年度材料方面大體不感匱乏僅錫恩錫不時庫無儲存以致停工待料

用料情形詳見附表三

(四)技術之改進

1.電光銅管之改短紙片之節省

蘇式二公分電光榴彈用之電光管長23公厘本用46公厘長之銅管裝紙片做底以裝藥放在手扳機上預壓一次再裝入壓模用油壓機加壓然後切去上端空管及下端紙底如此頗費材料爰改30公厘長之銅管另行設計壓模將銅管直接

107

裝入鑄模後再行裝藥其利有三：

1、銅管省去三分之一

2、省去冲紙片上紙片之人工

3、鑄模之製造容易

二、意造曳光管之利用

材料庫存有意造曳光管一批因受潮變質而不合用經研究試驗後確定一整理方法用此法整理後即可應用本廠所造蘇式二公分全曳光彈之一部份即用此次整理後之曳光管

三、歐力根二公分曳光榴彈光劑之試驗

107-1

歐式曳光榴彈重量較輕不能用銅管故試行直接藏曳光劑於彈頭後部試驗結果此種製造似較用銅管稍為優利無底螺漏火發生早炸之虞並可省却裝配上之麻煩

四、三七破甲彈曳光管之試驗

此項曳光管已試驗成功

五、三七破甲彈延期管之試驗

此項延期管之燃燒時間在砲彈規格上規定為0.02—0.05秒似不易辦到且在此短時間內砲彈恐難穿過鋼板實際射擊情形以0.01秒左右為適合砲彈約於鋼板後一公尺之内

008

爆炸

六、二式火帽之整理

此項火帽係代五十廠製造其敏感度以前常有不合規格之情形加以整理後之成品已完全合乎規定

(五)檢討

1、半成品及材料之轉手數

本年度有時因未奉令無法釐定工作計劃有時雖奉令而半成品缺乏材料缺乏工作支配極感不便本年度方形約色之飭造數量甚夥不致無可做但半成品各材料之轉手數宜盡量保持並按出品數量隨時補充以免

108-1

以免供應中斷

2. 代造品規格及驗收

代第五十廠製造之各種火帽未正式確定其規格驗收手續亦付缺如似宜確定規格並加驗收手續以明責任

3. 曳光榴彈之改造

歐力根曳光榴彈之試行直接壓光劑於彈頭成績甚爲滿意並省略許多裝配上之麻煩嗣後製造曳光榴彈似可儘量採用此法

4. 工人管理

本年本所工人人數不足東挪西調工作時時變改人

無專責事無專人對人對事均不妥善以之懈怠則可不能作經長之策來年度一面積極添補火工一面擇小工之優異向上者加以訓練使一人一事以專責成

三十七年　第六所副料消耗統計表　（第一頁）

名稱	消耗數量	單位	備註
滑石粉	6	公斤	
洋漆片	270	公斤	
純鹼	36.5	公斤	
水肥皂	19	公斤	
蓖麻油	12.5	公斤	
白腊油	20.5	公斤	
牛油	2	公斤	
代汽油	0.5	加侖	
汽油	10.5	加侖	
機車油	25.3	加侖	
菜油	13.5	公斤	
桐油	0.5	公斤	
白磁漆	1	磅	
白粗布	380	塊	
砂布	20	張	
砂紙	12	張	
[illegible]腊紙	40	張	
馬糞紙	35	張	
皮帶扣	9	根	

三十一年第六所副料消耗统计表 （第二页）

名称	消耗数量	单位	备注
2″牛皮带	0.2	公尺	
排笔	18	排	
棕板刷	9	把	
毛球	170	只	
面粉	22.5	公斤	
青煤	0.8	公斤	
棉纱	4.5	公斤	
细麻线	0.3	公斤	
火柴	72	盒	
三″麻绳	2	公斤	
六″麻绳	3	公斤	
棕绳	1.7	公斤	
锁匙	5	付	
竹扫帚	5	把	
扫帚	38	把	
拖把	5	把	
2″搭扣	2	付	
4″风钩	12	付	
4″插销	4	付	

011

三十一年　第六所副料消耗統計表　（第三頁）

名稱	消耗數量	單位	備註
鉛條	1	公斤	
元寶紫銅	1.7	公斤	
方〃鋼筋	0.6	公斤	
錫箔	17	公斤	
方〃洋釘	0.5	公斤	
白凡士林	3.8	公斤	

017

(附表一) 第六所三十一年度工友進出一覽表 (第一頁)

月別	工別	進廠	解僱	調進	調出	總數	附註
一月	火學小				2	32	
二月	火學小	3	1		2	32	
三月	火學小		1	3	1 3*	30	*升改
四月	火學小	1		1		32	
五月	火學小	1				33	
六月	火學小		2			31	

第六所三十八年度工友進出一覽表（第二頁）

月別	工別	進廠	解僱	調進	調出	月終總人數	附註
七月	火		3				
	學		1			27	
	小						
八月	火		1				
	學	1				26	
	小		1				
九月	火		1				
	學					27	
	小	2					
十月	火	1	1				
	學	1				28	
	小						
十一月	火	2		1			
	學					32	
	小	3	1		1*		*升改
十二月	火			1	1		
	學	3				34	
	小				1*		*升改

014

（附表六）

第六所三十一年度機器工作及休憩時間表

		應工作時間	機損	具損	休憩	待料	停電	實際工作時間
No. 90 油壓機	時數	3,168	63	351	585	61.5	74.5	2,033
			2	11	18.5	2	2.3	64.2
No. 98 油壓機	時數	3,168	253.5		809.5	96	121.5	1,882.75
			8		25.5	3	3.8	59.7
No. 97 油壓機	時數	3,168	403		976	44	88.5	1656.5
			12.7		30.8	1.4	2.8	52.3
車床 Leinen	時數	3,168	33		1,587		41	1,507
			1		50		1.3	47.7
四部雙人手扳機	時數	1,272.5			181			1091.5
					14.2			85.8

（附表三）　鋲所三十八年度製品數量表

製品名稱	單位	製品數量	附註
蘇式二公分曳光榴彈曳光体	枚	63,548	
蘇式二公分全曳光彈曳光体	枚	22,339	
歐式二公分曳光榴彈曳光体	枚	4431	
方形梯恩梯藥色	塊	214,398	
圓形梯恩梯藥色	枚	10,000	
十五公分迫彈傳爆管藥柱	枚	1,000	
七五傳爆管炸藥体	枚	52,327	
圓形藥柱	枚	500	
三七小火帽	枚	36,546	
二公分底火	枚	143,520	
第一式火帽	枚	20,000	
第二式火帽	枚	40,432	
三七黑藥餅	枚	27,400	
冷卻油	加崙	1,007	
精製廢油	加崙	3,029	
自製水肥皂	公斤	1,111	

016

（已付表四）　敝所三十八年度所用之主要正料數量表

料名	單位	用去數量	備註
梯恩梯	公斤	46,153	
大白腊	公斤	507	
大黄腊	公斤	1,173	
80P牛皮紙	張	130	
50P牛皮紙	張	1,853	
白報紙	張	143	
桑皮紙	張	13,845	
對方紙	張	1,516	
1"洋釘	公斤	20.2	
鎂粉	公斤	132.2	
硝酸鋇	公斤	73	
過氧化鋇	公斤	112	
氯酸鉀	公斤	5	

045

兵工署第十工廠工務處第九所三十一年度工作報告

本所三十一年度之工作報告茲將下列各項呈報如右

(一)人事

(甲)職員一年來無變動目前仍感缺乏平時工作尚感不敷支配至三十二年度加造六公分迫擊砲工作更益忙碌必須擬添技術員及事務員各一人以佐月分工合作以求出品之迅速

(乙)工人一年度來變動不少茲將變動人數列表如右

145-1

三十一年度工人分類統計表

工别 類別 月份	模			木			漆			学			小			鋸			篾			每月工人更動數	備註
	試	僱	解	試	僱	解	試	僱	解	試	僱	解	試	僱	解	試	僱	解	試	僱	解		
1	—	—	—	2	4	1	—	—	—	—	1	—	—	—	—	3	—	3	—	—	—	14	
2	—	—	—	2	1	1	1	—	2	—	—	—	—	—	—	—	—	—	—	—	—	7	
3	—	—	—	1	1	3	1	—	1	—	—	1	1	—	1	—	—	—	—	—	—	10	
4	—	—	—	2	—	5	1	—	1	—	—	—	—	—	—	—	—	—	—	—	—	9	
5	—	1	—	2	1	1	—	1	—	—	—	—	3	1	—	—	—	—	—	—	—	10	
6	—	—	—	3	3	1	1	—	—	2	1	1	7	5	1	—	—	—	—	—	—	25	
7	—	—	—	1	2	4	—	1	—	—	—	1	12	12	2	5	—	3	—	4	—	47	
8	—	—	—	2	1	1	—	—	—	—	—	—	1	5	—	—	—	—	—	—	—	10	
9	—	—	—	2	2	2	—	—	—	—	—	2	4	1	2	1	—	—	1	—	—	17	
10	1	—	—	3	2	1	—	—	—	2	—	1	3	1	8	2	1	—	—	1	—	26	
11	—	1	—	5	3	—	—	—	—	1	2	—	2	4	—	1	1	2	—	—	—	22	
12	—	—	—	10	8	2	—	—	—	2	2	—	12	8	2	2	—	—	—	—	—	48	
[illegible]更動總数	1	2	0	35	28	22	4	2	4	7	6	6	45	37	16	14	2	8	1	5	0	245	

046

(二)出品

(1) 蘇式二公分外箱 六一五五隻

(2) 蘇式二公分内箱 六六九一隻

(3) 蘇式三七公分外箱 五〇一六隻

(4) 蘇式三七公分内箱 四四六九隻

(5) 方药包木箱 四三八七隻

(6) 擦槍器木箱 四九三隻

(7) 7.5%m 木稚料桿 二三四九公尺

(8) 9.5%m 仝 上 二九三八公尺

(9) 八号雷管木箱 五五〇隻

1461

(10)欧力根二公分外箱七六〇隻
(11)欧力根二公分内箱七六〇隻
(12)傢俱及另星修配等请託單共計四九八份
(三)用料
甲 正料额造品所用数量如右
(1)宝柏木板九二九、一八七英方
(2)全 全 上 三〇八六四五英方
(3)全 全 上 三〇三、四五英方
(4)全 全 上 七四〇、〇六英方
(5)全 全 上 一九、五九七英方

(6) 〃柏木板 〇、一〇七英方

(7) 〃仝 上 一、八三八英方

(8) 梨木 三七二〇、七五公斤

(9) 5m/m麻绳 五、〇〇〇公斤

(10) 〃麻绳 五二、五〇〇公斤

(11) 5m/m棕绳 一七〇、〇〇〇公斤

(12) 〃棕绳 三四〇、〇〇〇公斤

(13) 1″早釘 一三二、八〇公斤

(14) 〃早釘 三八四、四八〇公斤

(15) 〃早釘 一二、〇〇〇公斤

1471

(16) 〃 平釘 一四四、〇〇〇公斤

(17) 〃 平釘 一〇、〇〇〇公斤

卅一年度所做傢俱及零星修配等正料數量如右

(1) 檀木 三四、五〇〇公斤

(2) 青槓木 四〇八、五〇〇公斤

(3) 〃 松木板 八四、七一英方

(4) 〃 仝上 一二、二三〇英方

(5) 〃 仝上 一一三、五五五英方

(6) 〃 仝上 三三、一三八英方

(7) 〃 仝上 一六、五一〇英方

048

(8) 1½" 柳木板	一九、六四七英方
(9) 2" 仝上	一九、五七八英方
(10) 2½" 仝上	一、五八四英方
(11) 3" 仝上	二、六七六英方
(12) 3½" 仝上	〇、四七三英方
(13) 2" 洋釘	一、〇〇〇公斤
(14) 5/8" 洋釘	一八、六〇〇公斤
(15) 1" 洋釘	三五、六五〇公斤
(16) 1¼" 洋釘	五〇、〇〇〇公斤
(17) 1½" 洋釘	一〇、六五〇公斤

1481

(18) 杉木桿 二三六根（大小長短均在内）

(19) 14' 夾心跳板 四四七疋

(20) 14' 楠子板 二四〇块

(21) 1" 松板 七七块

(22) 2" 松板 吾块

(23) 10' 楠子板 三七块

(24) 8' 仝上 四一块

(25) 12' 仝上 一一五块

(26) 濱洲枋 五一块

(27) 1½" 洋釘 五、〇〇公斤

(28) 2" 洋釘 七三、四〇八公斤
(29) 2½" 洋釘 三〇、〇〇〇公斤
(30) 3" 仝上 六七、五〇〇公斤
(31) 4" 仝上 一、三〇〇公斤
(32) 3½" 仝上 三、〇〇〇公斤
(33) 5" 仝上 八、二〇〇公斤
(34) 6" 仝上 〇、四〇〇公斤
(35) ¼" 麻绳 九、七〇〇公斤

乙 副料

卅一年度所做傢俱及另星修配等副料數量如右

14P1

(1) 1/2P 白磁漆 六一听
(2) 1/2P 黑磁漆 六听
(3) 28P 白漆 四桶
(4) 黄油漆 四公斤
(5) 生漆 一三公斤
(6) 熟漆 五公斤
(7) 桐油 四五公斤
(8) 酒精 二四公斤
(9) 土白布 三疋
(10) 坟白粗布 一疋

(11)	黃銅合漆	四公斤十
(12)	松香水	三四公斤
(13)	漆片	一二公斤
(14)	絲頭	八公斤
(15)	棉花	三公斤
(16)	土石膏	七三公斤
(17)	土生	二公斤
(18)	土石子	四公斤
(19)	黃納粉	〇、二公斤
(20)	一号木砂纸	二二九張

1501

(21) 二号木砂纸 四〇張

(22) 廿號木砂纸 二三張

(23) 青 煤 三公斤

(24) 红丹粉 一·二公斤

(25) 伏 青 一·七公斤

(26) 青藍粉 一包

(27) 薄红車油 0.三加侖

(28) 水柏油 三公斤

(29) 皮帶膏 一听

(30) 5″皮帶 一五·四七公尺

(31) 3″皮带 七、六八公尺

(32) 1½″皮带 九、四一公尺

(33) 牛膠 七五公斤

(34) 25#皮带扣 八四支

(35) 27#皮带扣 六支

(36) 1″鉸鏈 三三付

(37) 1½″仝上 百五付

(38) 2″仝上 六二付

(39) 3″仝上 五二付

(40) 4″仝上 五付

150-3

(41)	光〃木罗丝钉	二一〇隻
(42)	弯〃仝上	四二隻
(43)	弯〃仝上	四五隻
(44)	丨〃仝上	四二三隻
(45)	弯〃仝上	二四隻
(46)	隧〃仝上	四隻
(47)	楠竹	三七五根
(48)	班竹	四根
(49)	蘿竹	一五〇斤
(50)	仝上	五六八捆

051

(51) 4# 洋眼圈 五四隻

(52) 6# 仝上 八〇隻

(53) 3" 風鉤 二付

(54) 5" 仝上 九付

(55) 6" 仝上 四九付

(56) 洋门鎖 二把

(57) 弹簧门鎖 二把

(58) 25W灯泡 二隻

(59) 75W灯泡 一八隻

(60) 100W灯泡 九隻

151

(61)稻草 四七〇〇市斤
(62)青竹 一三四公斤
(63)楼攀 六付
(64)5″插销 一付
(65)4″又 八付
(66)12″×6″土玻璃 九九块
(67)16″×24″仝上 三块
(68)竹篾席 一二〇张
(69)黄牛油 一公斤
(70)碣油 九公斤

(71) 10丈排筆　百把

(72) 1m/m鉄絲　六〇〇公斤

(73) 1.6m/m仝上　一〇〇公斤

(74) 2.4m/m仝上　二八〇〇公斤

(75) 元鋸片　六片

(76) 鑵刀　四四支

(77) 鏈条　三四条

(四)技術方面之改進

職所對於技術方面實因工作多而人手少對於技術上一切計劃尚無空餘研究改進平時祇要趕做出品而已其中

1521

技術问题甚多改進現略為报告如右

(1)類造品準備一切材料及工人其次分組製造如做箱者專门做箱配料者專门配料做傢俱者專门做傢俱修理者專门修理如此分工合作不致有紊乱之現象於出品方面可以達到最高速度其他工作可以類推

(2)各工友所做工作等物須注意節省材料及人工亦須在技術上研究着想方可結果得到出品方面之精製良而圓满的希望也

(3)對於卅一年度聯所用料時有问题因存板不多并且鋸工不易招到就是招到者工資均多不合要請工政

課隨時介紹鋸工及小工來廠考試而能力合格者即填註及格二字再由工政課辦理入廠手續職所接到之通知單時即開試工通知單經過二星期後合格者即填僱工通知單以資正式學習鋸工經過一年以上者可以升為學工在一年半以上者改鋸工否則所鋸板子總不甚適用何以見到因所鋸木板薄曲不平易損材料而木工工作亦較困難且費時間擬於明年度添置立式排鋸一部可以解決一切木板問題

(五)設備方面之增添

(1)本所大門口原來搭成木板涼棚一座後來因按裝元鋸机一部

155-1

工作時逢雨不能工作故改為青瓦屋面以便工作

(2)臨時廁所一小间待正式廁所完成之後即將臨時廁所拆

取消

(3)鋳料间篾之间該屋由土木科交下略加以修理以便工作

(4)添增置存放木板及廢料竹籮園子一個以便管理材料用

(5)添增置存放文件推门橱二隻

(6)添增置元鋳机一部專為配料用

(六)管理方面之改善

(1)上工时須親自翻自己的名牌切不可託人代翻或遲到

(2)下工時須親自翻自己的名牌切不可託人代翻或早退

(3)本所向来用便条派往各部份工作自明年度是有改善之必要即改用工友来厰証明單赴各所工作者須填工友来厰証明單出厰房區工作者亦須有此單以資考核

(4)元鋸机及鉆床等机器須要每星期六下午整理一次并查各部机器有無阻碍等等

(5)各工友如有要事須要出厰房區者須事前請假并填具厰房區出入單以資查驗放行回厰時便於考覈

記工

(七)机器閒憩狀况(机器閒憩時間占机器全部開動之時间百分數)

1541

职所机器不多，祇有小元锯床一部及钻床两部，而机志無電時即行停止工作（约占百分之卅開聪时间）。

八、卅二年度之兴革意見

(1) 本年度因加造六公分迫擊砲工作，本所對於厰房不夠應用，擬請添造厰房一所，專為木工及按装各種机器之需，其大小尺寸另行呈报。

(2) 箴工间臨時房屋不堅，固擬請拆除重建厰房，以便工作。

(3) 添元鋸机一部，因原有一部不夠應用。

(4) 添立式排鋸一部（該鋸能力甚大，可以解决本所一切木板工作，倘有空餘時间或可代他厰工作等等）。

(5) 添木車床　一部（以備模型工作之需）。

(6)鉋床　一部（以備各種木箱節省鉋板時間）

(7)鋸筍机　一部（可以節省洋釘如洋釘發生問題時此机大有用處）

(8)煮板池　一只（可以煮去板中膠質以免不易腐爛等情）

卅二年度工人之數預算其報告如右

(1)做三七木箱者　卅人

(2)配料者　八人

(3)做方药包木箱者　七人

(4)做（八寸雷管木箱、擦槍器木箱）　一人

(5)做傢具及另星件配者　十五人

(6)彈鋸木線者　二人

1554

(7)量板子及管理木料者一人
(8)模木工二人
(9)篾工八人
(10)铁工学工小工四十人
(11)車木工一人
(12)漆工六人
(13)雜務小工九人

158

兵工署第十工廠第十所三十一年度工作報告

本所三十一年度之工作報告分為下列數項分别將其各項陳報如左

一、人事

甲、職員

離職人員一名（同卅射事務員文惪周升學奉准長假於七月十八日離職）

到差人員一名（委二技術員金偉李於十二月十八日到差奉派在本所工作）

乙、工人

工別	技工
添僱人數	5
解僱人數	4
調往他所	2
備註	技工陳成調二十一廠 技工楊再富調八所

158-1

學工	3	4
小工	12	12

明年度因裝五十廠435KVA柴油机改裝配技工尚感缺乏一名又管理工具及收發等事務員尚需一名

二、工作

本所卅一年度承製工作由作業課編號者計凡七百四十六號（另星修理在外）現在工作性質分為下列四款

A、維持——維持全廠供電供水及通訊設備

B、修理——修理全廠一切電氣設備（本年度各式馬達全部換新線圈者計四只一部份換線圈者計六只清理烘潮者計五只

其他故障者三只，完整者四十二只，平均每月燒燬者弍只）

C、裝配——安裝（裝配全部機械設備）第一批煤氣發生炉全套，第二批彈簧淬火及回火炉全部煤氣管、密氣開関、暨來孔、救火機管

焊機淬火炉等）

D、製造——製造各種機密應用器具

三、用料

甲、正料——未用

乙、副料——列表如下

卅年度與卅一年度用料比較表

料名	單位	三十年	三十一年	備註

1521

紅車油	加侖	叁拾壹	拾五
汽油	加侖	弍拾五	拾叁
火油	加侖	叁拾	弍拾
燈泡	只	肆百壹拾四	叁百拾玖
鋸條	打	叁拾五	叁拾肆
砂布	張	叁百弍拾四	弍百陸拾七
砂紙	張	叁	弍拾捌

四、技術方面之改進

A、本廠舊有30门電話總机不敷應用本所有見於斯遂仿造西门子最新式樣（製造）60门電話總机一座安裝於新室

該鑿機間應用數月尚要於舶來品

B、本廠每日用水約四五百噸，淨水時期加以矾，每日約需念公斤至卅公斤，為求以矾易於溶化起見，必須事前打成粉末，但對於人工時間均感不經濟，是自製鏈式打礬機壹座，用為匹馬達拖動，每小時約打礬二八十公斤，人工時間均感便利。

C、本廠電話機裝於各廠房，每於大雷電風雨中或碰電燈線或觸雷電時，該話機時有損壞，為保護話機安全周全起見，本館自製保護設備五十套，分裝於各分機及總機。

D、各廠在山洞內工作者，對於空氣之流通頗感不足，本館續製鼓風機六座，分裝於各山洞內，俾資通風。

1601

E、各山洞内湿度太大妨碍机器并配制造15KW、电炉四十只分装于各洞藉调洞内湿度保护机器寿命

F、山具二部及拟制配电原来由弹头所总开关供给为避免该三部不易断电起见完成环式供电制藉利工作

G、各配机器上电灯均系螺丝灯头惟螺丝灯泡只只易添购为补救计于各螺丝灯头上加装普通灯头一只藉可兼用各种灯泡

H、装配ford汽车引擎（燃烧煤炭或汽油）及20KVA、单相220伏发电机壹套于停电时可供一部份光电灯

丙、装配柴油汽車引擎及50KVA、三相發電机壹套

丁、试造電话機用蓄電池一批

戊、改绕西门子220伏為380伏馬達四只

己、製造九吋元径纸燈罩弍百只代替電燈搪瓷罩用

五、設備方面之增添

A、增放電限十二號（镀鋅鐵線）長途電话過江線弍根（約計壹千弍百呎）

B、計劃及敷設第三号電燈纜線及供水管（现已装設臨时水管一段）

161-1

C、计划及敷设迫击炮弹厂供电线路及供水管现
暂放临时水管一九
D、建製第四第五号150吨水塔两座（迫击炮弹厂及各厂房等用）
第三号配水池壹座（第壹部及第三部供水用）已由大本科
招商承建中
六、管理方面之改善
A、据各厂大小与远近四百余只安装配其各保护设备
B、整理各厂电力线路卅挡（计壹万呎）拆换乾电灯线
指挡（计五万零七百呎）拆换乾灯电线四十余挡（约
计弍万呎）

C、全廠燈泡常易被竊，本所自製燈泡刻字器壹具，并刻各部燈泡二千六百十八只，並製路燈保護、鐵絲罩壹百八十只，藉資管理

D、各種工具為易於管理起見，於每一工具上均刻有第十廠或第十所二字，以資區别

七、三十二年度之興革意見

一、完成迎擊砲彈廠輸電線路及臨時水管

二、裝置四號五號150T.水塔，連接總管及100T三号配水池連接管

三、舊打水船年久失修，不堪應用，亟需添置一艘

162-1

四、本厰用水日漸增加，擬添購備用打水機壹座，以防萬一

五、設計製造快濾器壹座

六、計劃拆裝五十工厰撥來435KVA柴油發電机壹座及全部附屬設備電板等並建造涼水池

七、繼續整理全厰焊線

八、維持全厰水電及通訊一切設備

九、研究試造電話机話筒用炭精片代用品

十、製造順昌車床倒順三線開関代用品

十一、繼續改良電話用蓄電池

十二、修理40HP柴油机及煤气机

十三、试验竹管代替金属水管

兵工署关于下发一九四三年度作业计划致兵工署第十工厂的训令（一九四三年四月）

002

军政部兵工署训令

事由：为令知本年度作业计划由

中华民国三十二年四月　日　字第　号

令第十工厂

查本年度作业计划业已依照预算核定在案，该厂全年应制械弹如附表，仰遵照筹造，如有余力尚能多造或变更出品种类时，应予事前呈请核准，否则不补发励造。令仰知照。此令。

附32年度作业计划表一分

署长　俞大维

渝兵（32）丑字

04705

003

第10廠 三十二年全年度作業計劃表

32年3月24日

名稱	单位	數量	備註
六公分迫擊砲	門	600	1,2,3,月份造數包括在內
六公分迫擊砲彈	顆	180,000	
三七砲彈	〃	72,000	

兵工署第十工厂关于一九四三年度作业计划制造数量致兵工署的呈（一九四三年五月十三日）

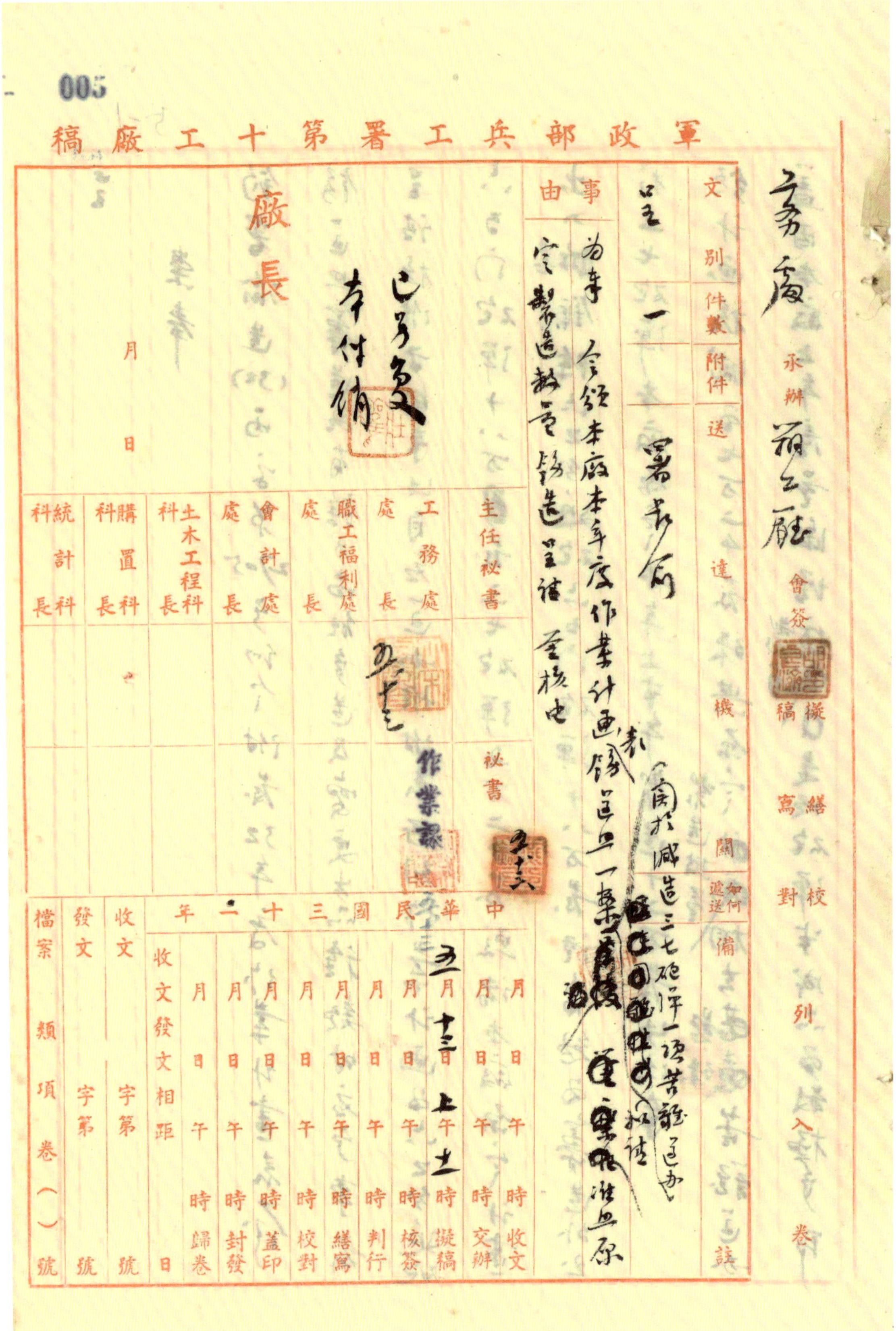

005

軍政部兵工署第十工廠稿

文別	呈
件數	一
附件	
送達機關	署長俞
事由	為奉令編本廠本年度作業計畫表（關於減造三七砲彈一項並註明理由附件）一份，定製造數量錄呈請 鑒核由

廠長 已另文 本件銷

主任秘書　工務處處長　職工福利處處長　會計處處長　土木工程科科長　購置科科長　統計科科長

秘書　作業課

承辦　擬稿　繕寫　校對　列入卷

中華民國三十二年 五月十三日 上午十一時 擬稿

收文　發文　檔案 類 項 卷（ ）號

5-1

呈

案奉

鈞署渝造(31)丙字第2705號訓令附發31年度作業計畫表所飭各廠如籌造並有餘力尚能多造及變更出品種類時應予事前呈請核准等因奉此自應遵辦惟據表所列作業計畫內六公分迫砲六〇門砲彈十八万發三七砲彈七万二千發較諸本廠原定計畫出入甚鉅除六公分迫砲六〇門砲彈十八万發請准由廠籌造外至於三七砲彈本廠原定本年上半年製造十二万發此次奉頒計畫核減為七万二千發殊與原定製造數量相去懸殊苦難遵辦蓋因本廠上年產量激增製有是項砲彈半成品為數極多即

006

截至本年四月份止（就本年已製成品而言）[illegible]業已超過半數，如今年產量驟減，則此項擱置經費幾及兩千萬元之鉅，使本廠經費無法周轉，勢必影響整個作業計劃。綜上原由，擬懇鈞署准核原設本年上半年仍飭本廠製造三七砲彈十二萬發，俾資維繫而利業務。理合備陳困難情形，伏祈鑒察俯賜照准，實為公便。謹呈

署長俞

（全銜）廠長莊□

082

軍政部兵工署第十工廠三十一年度設施及工作情形報告書

緒言

本報告内容，以本廠三十一年全年度設施為主體，重在事實之綜合說明，而繫之以統計數字，其中必須以上年度（三十年）之情形為參証者，則略引其端，以明関節所在，玆分門别類，詳述如下。

一、製造

本廠製造在三十年度中，全力貫注於蘇羅通二公分砲彈之出品，至三十一年度開始製造三七砲彈，祇以該項專門技術問題甚多，而此種砲彈之製造在國内尚屬第一次事屬草創，諸待研究成功，始可大量製造，故原定作業計畫上半年度仍專出二公分砲彈一面製造三七零件，下半年度則以三七砲彈為主體，而以二公分副之，總計全年度共造繳

083

二公分砲彈二十五萬餘發，三七砲彈三萬五千餘發，如以三七砲彈一顆抵二公分砲彈三顆計算，則三十一年度出品較三十年度（該年度實造二公分砲彈二三〇，〇〇〇發）增加百分之五十強，但核與三十一年度原定出品數量，仍未能悉如預期，其故有四：（一）為二公分砲彈製造材料有幾部份已用罄，其中無法補充者，如離心子料，勢須本廠設法自製，此種材料原非國內所有，更無此項設備及經驗，本廠煞費苦心，使用種種方法，始克製成；（二）為外購雷管來源中斷，自造匪易，而其關係砲彈之安全甚大，固絶不可苟且敷衍，本廠更番試造，卒底於成，品質可與舶來相等；（三）為製造三七零件，銅虎機器故障迭生，修理幾及半年，勉強維持工作；（四）為三七破甲彈試射時，發現德式彈底引信在構造本身上確有疵病，並不健全，極易引起膛炸，非根本改造不可，因而重新設計，重行籌備工具樣板，雖卒告成功，然三十一年度已不及大量製造矣，故本廠自造之三、七公分彈底引信，較德國式為安全，而穿擊鋼板效能，亦較德國式為強。國內除本廠外，恐無其他工廠能造破甲彈者，此為本廠三十一年度技術方面一部份之成功，而值得報告者。此外本廠代航委會所造歐力根二公分砲彈，原樣本為榴彈，而製繳時該會謂必須曳光榴彈，因而又為設計準備，頗費時日。其餘如葯包、機槍器材、八號雷管等等，尚能按照預定步驟，順利進行。所有全部出品數量，另附詳表（見附表二）。在三十一年度中，尚有一重要工作應提出報告者，即籌備六公分迫擊砲與砲彈及信號彈三項根本不同性質之製造是也。按本廠原為製造二公分與三·七砲彈之專廠，所有材料因其精製關係，原由國外供給，自海運封鎖，來源斷絕，所儲材料僅可敷年餘之用。二公分砲彈既已大量出品，三七砲彈製造技術，甫告成功，亦因材料關係，預料勢難久造，為積極充實軍實起見，故商奉　署令籌造六公分迫擊砲及砲彈等項，俾資銜接。本廠所有廠房用途及機器設備，亦不得不因而改弦易轍，重行配置，并設法添構機器，增築工場，設計工具樣板，改造夾頭附件。又以製造經驗之不同，着手訓練技工，以為三十二年度製造新出品之準備；同時三十一年度規定出品，仍須積極趕造，雙管齊下，際此物力、人力、財力均感困難之時，事事須自行設法，確非易為，甚望國內工廠亟亟乎能普遍健全，其有裨於工業前途，匪淺鮮也。

二、購運

本廠在製造方面所需機械工具及材料，均由購置科統購統運，以一事權。本年度全年採購材料共計總值三千二百六十四萬元。其中五金佔總值百分之七八，土木佔總值百分之三、一，機器佔總值百分之二、八，燃料佔總值百分之五，醫藥佔總值百分之〇、九。上項材料由兵工署及各友廠價撥者，佔總值百分之九十；本廠自購者，只佔百分之十（詳見附圖（一、二）本年度運輸材料，共計三千六百八十五噸，其中百分之八十係由滇緬路運至瀘州，由瀘州換船運廠。以交通工具分析，計卡車佔運輸量一千四百二十四噸，輪船一千〇七噸，民船二千三百七十八噸，均由本廠派員押運，以昭鄭重而防損失。

三、修建

本廠遷渝已越六載，先後建築廠庫房舍頗多，風雨剝蝕，時有損壞，請修工程，日必數起，如均招商承辦，非僅緩不濟急，且以工程範圍過小，包商因利薄而高抬造價，糜費耗時，交受其敝，為修理便利計，乃於土木科添設營繕工程部份，自備工料，專辦本廠零星修理工程，惜物力而應事機，至於建築部份，因業務需要隨有增加，在本年度內計完成房屋工程二十八座，給水工程三座，所佔全部建築面積為五七五一·五〇平方公尺，附表分析頗詳（附表二、三、四）可供參考。

087

四、經費

本節分會計、審計、出納三部分叙述，先述會計部份，查本廠會計制度，早具成規，本年度會計工作，除辦理通常一般會計業務外，特別注重於整理與改進二端，關於整理方面：(一)結束本廠在二八、二九兩年度籌備期間之經臨各費帳户，編造計算底稿，分别呈報，(二)編造本廠二九、三〇兩年度在渝建設經費之歲計決算，(三)結算本廠二九、三〇年度製造經費之損益，并清查結轉各項固定資產，(四)辦理遷建經費帳户報銷，關於改進方面：(一)改訂各部份另用金支報辦法，使購辦不受過份之牽制，致失時效，而於驗收轉帳，仍能依照規定手續辦理，(二)改訂因公暫支款項結報辦法，期收支報迅速之效，(三)訂立職工薪餉借支標準，以杜浮濫，(四)修訂薪俸單據處理辦法，以配合人事更動，使單據保管、帳册記錄與成本會計彼此密切聯繫，(五)修訂單據保管方法，以便檢查，(六)增訂各種會計報表，以加強簿記組織，(七)採用材料估價辦法，以解决材料分類帳結算之困難，而謀整個結算工作之敏捷，(八)劃分部別費目，以為推行預算統制及成本會計之基礎，而使工廠經營，逐漸走上合理化標準化之途徑，此本廠本年度會計業務設施之大概也。至於本廠本年度支用建設經費款額，製造經費盈餘，及資負情形，另附詳表，(見附表五、六、七、)可供查閱。次述審計部份，本廠審計工作，配合會計業務推進，惟因限於人力，未能遽達原定目標，茲將本年度所完成之審計事項，列舉如次：(一)審查二八、二九年度籌備時期經臨各費之計算據冊，(二)審查二九年度在渝建設經費之單據傳票，(三)清查二九、三〇年度各月份米粮食用數值，(四)清查國外材料內運運費，(五)審查二九年度製造經費之單據傳票，其中大部份固偏於消極性之事後覆核居多，而積極性之事前審查，則亦未嘗稍懈，以符政府設置審計之旨。再次述

089

出納部份，凡本廠現金出納，設有出納課，專司其事。掌理各種款項之收付，職工兵（餉）新餉之發放。收款方面：屬於建設費者，根據年度預算於奉到署令及簽件書時，按月向國庫請領，一律存入國家銀行已開之户內；屬於製造費及其他一切費用者，根據　署令向署逕領，屬於存息者，按期根據銀行存摺及結單，送會計處製收入傳票轉帳；其他如友廠物料作價代運運費等各種款項，收入由出納課根據收入傳票，收存銀行。付款方面：對內付款，金額在五千元以下者付現金；五千元以上者付取現支票。對外付款，一律付與記名支票，金額在一萬五千元以下者，劃去支票上「或來人」，或劃平行線；一萬五千元以上者，概劃平行綫。以上為本廠出納課辦理出納事項之經常手續，在在與會計處保持連繫，以收相互牽制之效。

五、福利

本廠對於職工福利事業，向極注重。舉凡有關食、衣、住、育、樂各項設施，在人力財力物力可能範圍內，斟酌緩急，次第舉辦。所謂定量定價，定期物資支配辦法，早在三十年度初已實行，逐年來不過局部之修正而已。茲將本年度全年辦理職工福利情形，分項以述其要：第一，生活日用必需品之供應。此項必需品，暫定為菜油、鹽、煙煤、木柴、猪肉、肥皂、紗襪、毛巾、牙刷、布疋、皮鞋等十一種。（食米一項，依照 部頒軍粮領發辦法辦理。本年度軍粮食米收支對照，詳見附表八、九）除布疋、皮鞋係規定每六個月定量定價配售一次外，餘均按月定量分售（詳見附表十）。單價每半年調整一次，較市面物價至少須低百分之六十—四十。在此半年度內，無論市面物價若何動盪，本廠則始終保持一定狀態，使所有職工不受外界物價高漲之刺激而影響其生活。分配方法，將全廠職工計口分級，單身為第一級，二三口之家為第二級，四五六口之家為第三級，七口以上之家為第四級，每級視其人口之多寡，生活最低限度之需要規定數量，按月發給准購証，向合作社憑証購買，行之以實，尚覺均平而便利。至若與日常生活有關之其他物品，或由合作社自行製造（如皮鞋、紗袜、糕餅等項），或酌量向外購銷，價格亦低於市場。第二，公用事業之設備，所謂公用事業包括職工住宅宿舍之管理分配，郵政滙兌，來賓招待，職工進退服務及禮儀（指婚喪事項）之代辦，食堂餐廳，縫紉部，潔身館，攝影社，理髮社，洗滌社之經營，均責有專司，取費低而手續便，是皆以服務為目的。第三，康樂運動之提倡。本廠僻處郊外，職工退息之餘，不能不有正當娛樂以調節其身心，故設有俱樂部、平劇團、歌詠團、運動場（包括網球、籃球等項）各種組織，由全廠職工各就其興趣之所近自由參加，練習比賽，并向外租借影片定期映放。第四，治療衛生之注重。本廠原有醫院組織，設備亦尚完善。平時對於公共衛生之推行，員工體格之檢查，保健預防之實施，尚能認真。而空襲急救，亦畧有設備。總計全年度門診病人四萬五千零四十九號，住院五百五十七人。內科治愈者四百四十一人，外科治愈者九十八人，死亡者十八人。接生者八十一人，平產者七十一人，難產四人，早產六人，病理檢驗三萬七千六百零八次，傷寒、霍乱預防注射，所有職工及其眷屬，按名實施，絕少規避。故本廠流行性病，幸未發現。第五農林畜牧之種殖。此項業務，向由農場負責辦理。自二十八年開始，已陸續種植竹木大小三百餘萬株，懇荒六百餘畝。除原有水田仍種稻谷外，其餘大都用作菜圃、林場，種蔬植樹，冀使濃陰喬木，能為天然之防空掩護，而美化全廠風景，猶其餘事耳。至若各種農產品之數量，本年度計出產蔬菜二十四萬二千五百四十八市斤，豆腐二千四百三十三榨，豆乳五千六百五十七瓶，豆瓣醬九十市斤，醬油四萬五千市斤，猪肉四萬八千八百一十一市斤，羊肉二百四十八市斤（詳見附表十一）。上述產量，猶未能與本廠需要相等，擴而充之，已列入本廠三十二年度事業計畫，務期農事經營，適合經濟原則，配合職工生活。

六、物料管理

本廠物料管理，屬於製造材料部份，由物料庫負責；屬於成品部份，由成品庫負責。保管方法，約可析為二種：一為靜態管理，一為動態管理。屬於靜態管理者，分危險品與普通材料兩種。危險品之保管，依據　部頒陸軍兵器彈藥及危險品之保管規則辦理，將所有危險性品料，如雷管、藥包、炸藥、火藥等類，隔離存儲，防空洞庫房內，并在庫房週圍劃為警戒區，由警衛大隊派兵警衛，非有關係部份之工作人員，任何員工不准通過，并於夏初由本廠研究室派員檢查，如發現有變性者，即設法處理。惟本廠山洞雖裝有地板，究不能完全避免潮濕，尤當刻刻留心，藉策安全，普通材料之保管，因庫房設備尚頗合用，儲藏亦較妥適，每一庫房均派有保管員經常看守，并於每半年由各關係部份派員會同檢查一次，必要時施行臨時檢查。屬於動態管理者，又分正料、副料、廢料三種。正料領發辦法，經規定每個零件用量後，每次發料須與繳半成品數量核對，有餘繳還，損耗報驗，故浪費已逐漸減少。副料管理，係規定每一製造單位按月造具副料預算表，送由工務處按其製造月額，審慎核定，依照預算發給，如需額外請領，非經查實許可，不得擅發，故本年度節省副料成績，以油類為最顯著，與三十年度比較，計節省潤滑油三百五十六加侖，冷卻油三千一百四十五加侖，汽油九百八十八加侖，其他如鋸條、砂皮、砂紙、燈炮等項，亦均較上年度節省多矣。廢料管理與正副料同等重視，凡屬鋼頭鋼屑悉交煉鋼廠儘量利用，銅頭銅屑由本廠自行鎔化鑄成銅條，重予利用，鋼屑銅屑

095

中所含廢油，則用濾油器提揀，再予利用。（詳見附表十二、十三、十四。）此外尚有一種關於辦公用品之管理，則由事務課負責。固定資產，分類編號，登入財產分户登記簿。屬於個人使用者，由使用人自行負保管之責；屬於公用者，指派管理員負保管之責。非固定資產，如辦公文具、紙張、表單、簿册、雜項用品等類，分批購進以後，置存物品室，按其種類、品質編號排列，以便領發。并規定領發手續，由領用人每三個月填造預算單兩份，以一份彙存事務課，以一份存請用人，領用物品，即憑此預算單發給，以節浪費。（關於本年度辦公用品及紙張節省數量，詳見附表十五、十六。）

七、訓練

本廠訓練，分藝徒訓練與公民訓練兩種。關於藝徒訓練者，凡每一新進藝徒均須先受軍訓三個月，使之認識工廠環境，養成刻苦耐勞之生活，并授以普通學科，如國文，算術，公民常識，精神講話等等，期滿後再授以九個月之機械常識，如機械初步，繪畫方法，工具，教材，模型，標本，車鉗床基本工作等課程，俾具有初步之工程知識，將來實地學習時，可收事半功倍之效，前後共計受畢一年訓練，即分派廠房實習，受技術員之指示，先進技工之領導，耳濡目染，冀其成為一技術熟練之藝徒，經兩年考核，成績優良者予以畢業，升為工匠，較差者升為學工，此後至少須服務三年，在服務期間，有見異思遷或潛逃無跡者，由保証人負代償訓練費用之責，此為藝徒訓練之大概情形，關於公民訓練者，旨在提高民族意識，養成現代公民必備之條件，不論其為技工，學工，小工，凡在工餘以後，均須全體受訓，此項訓練，係自本年九月二十八日開始，故至十二月十六日止，完成兩期，此後繼續進行，未有間斷，每期訓練四週，課目分三民主義，精神教育，國民公約，新生活須知，戰時知識，本廠法規，衛生常識，福利事業等項，教官從職員中遴選

097

兼任，（詳見附表十七）又舉辦識字補習教育兩班，旨在強迫識字，掃除文盲，并利用國民月會，小組會議，甲長會議，室長會議，實施機會訓練，練習集會常議，舉行個別談話，以考察工人思想，指導其生活行動；設立代筆詢問處，解答工人疑問，其有不能書寫者，且為代寫書信。此外并編有定期壁報，灌輸時事，充實圖書雜誌，便利進修，凡此皆直接間接與訓練有關也。

八、人事

本廠人事，分職員工人兩大部份，前者由辦公廳秘書室人事股掌管，後者由工務處工政課掌管。職員人事，包括任用，考試，到差，請委，差假，升調，考績，離職，值星，值日等類；工人人事，包括考工，到工，賞工，罰工，工級進退，工資增減，更動，作息，差假，休養，撫卹等類。每一類中，均有其一定之程規可循，紀錄可查，一切均以法令為依歸，全廠職工上下共守，罔敢或踰。故本廠人事比較納入正軌，步趨安定。總計本年度額內職員一七二員。已請委者一一七員，奉到任職令者一一五員，試用人員二四員，補任實職者一一員，停止試用者一〇員，未經請委而先離職者一四員。工人動態，在三十年度底共有技工一百六十一名，火工二百五十一名，泥木工三十三名，學工二百四十三名，小工一百三十三名。本年度共有技工一百六十一名，火工一百二十八名，泥木工五十九名，學工二百二十七名，小工二百五十五名。兩年度工人動態比較，除小工因製造業務關係，增加一百二十二名外，其餘無甚出入。工廠人事以安定爲先，本廠人事異動尚微。

九、文書

本廠文書，依編制屬於秘書室，設文書股掌理其事。業務約分爲收發、撰擬、謄電、繕校、油印、會議紀錄、法規登記、印信典守等八項，茲擇要分述於次：（一）經常文

099

書之處理及其程序。凡收到文電，經收發室登記後，即送文書股審度其性質，普通者轉送主管部份簽辦，重要者送請主任秘書轉呈　廠長批示。各主管部份收到應辦文件，應即辦稿，送由關係部份會簽後，再送文書股初核，最後送請主任秘書呈判繕發。（六）文書之防護與歸檔。凡發出文電稿件，及收到文電僅備存查，毋須辦稿或辦稿而已用印封發者，統由收發室按日點交檔案股歸檔，如係機密或及其他重要文件，經主官指定專人保管者，暫不送檔。惟該項文件，若在收發文簿列有文號者，仍應由保管人將文號、文別、件数、收發日期及來去機關等，通知檔案股備查。（三）譯電及密碼之保管。收到或發出之電報，由譯電員隨時迻譯，遇有急電，雖在例假及辦公以外之時間，亦應趕譯。分別呈閱拍發。所有密電本，除特種密碼外，概由譯電員負責保管。（四）法規之纂擬。各部份就主管業務草擬或修訂各項章制法規，以本廠名義頒行者，須經秘書室審核後，層轉呈准，交由文書股辦廠令公布。至各單位須行之規則，限於各該單位內部使用者，可不經上項手續。(五)會議紀錄，凡本廠召集各種會議，亦均由文書股派員紀錄，整理保管。至檔案管理，由檔案股負責立卷編目，縱橫編號，無論分類分案，均便檢調。上年春季檢視，曾蒙 嘉獎，茲不贅述。

十、統計

統計為一切事業設施之張本，亦為稽核一切事業之根據。本廠特設一科，專司其事，意在使本廠業務，能逐年走上合理化及科學化之途徑。顧欲實踐統計，須使組織健全，行政有規可循，而組織之如何健全，以配合行政，行政應採用何種方式，方能適合組織，惟有在實踐統計工作時，始能揭發而貫通之，故完成一種可靠有效之

101

統計，因數複雜，實非一蹴可幾之事。本廠着手統計之前，修正內部行政方式甚多，全廠表單約五百八十餘種，分類編號，統一標準，確定式樣尺寸，頒發施行，不但手續程序及填表內容於此整理，使易達到統計目的，即全廠表單紙張消耗，較未整理以前，亦可節省一半以上。本廠統計事業，雖在萌芽時期，其工作隨時隨刻在改進加強中，目前事業因有統計而稽核改善者，為全廠之辦公用品節省約在十分之一（詳見物料管理項），工務方面之各種副料，其消耗均有顯著之減少（詳見物料管理項），行政週轉手續，亦化繁為簡，時間因而縮短，效率因而提高。祇以抗戰時代，環境複雜，推行新政，非常困難，至今尚未臻健全程度也。謹附主要統計表九種，圖標七種，藉明本廠一切設施，而補本報告之闕焉。

附陳改進人事意見

一、在不超過人員薪俸總額預算範圍內，人数與階級，得以事實之需要，准予變動，呈請備案，俾事易擇人，人易稱職。

二、凡本階年資屆滿人員，似可由廠參證歷年考績，循級提升，報請備核，如有不合，可予駁斥。又法令規定應發之各種獎金及補助費，亦似可由廠依據規定手續辦理，按時發給，無須一一呈准，以資便捷。

三、按諸現在一般機關任用人員之慣例，大都到差在先，請委在後，自到差以至奉准核委之時，差多則年餘，少亦半載，而任職令填發，皆從核准之年月日起算，不填其本人實際到差之年月日，倘一旦晋升及調，其年資不足而遭駁還，殊非情理之平。嗣後此類請委案件，如其資歷相合者，任職令之核發，宜

103

填其本人在服務機關實際到差之年月日，不宜填上級機關核發之年月日，藉符事實，而重年資。

四、人員晋級，除以年資屆滿爲主要條件外，還須兼顧服務成績，若成績不佳，年資雖滿，亦不宜升，庶於簡拔之中，藉勵有功之道，反之人才以挫抑而銷沉，以宏獎而輩出，果其人之學識品性能力特優，資格雖微不合，登庸不妨破格，若徒拘守常例，則奇才異能之士者，鮮有不被遺棄也。歷代人才消長之機，靡不種因於此，似應改善辦法，俾資遵循。

兵工署第十工厂为重新造报一九四四年度建设计划概要致兵工署的代电（一九四四年一月二十日）

軍政部兵工署第十工廠稿

文別	件數	附件	送達機關	備註
代電	一	一份	兵工署	

事由：為呈本廠卅三年度建設計劃概要十份祈鑒核由

廠長

一月廿日

主任秘書　秘書　工務處長　職工福利處長　會計處長　土木工程科長　購置科長　統計科長

承辦　會簽　擬稿　繕寫　校對　列入　卷

中華民國三十三年

收文	交辦	擬稿	核簽	判行	繕寫	校對	蓋印	封發	歸卷
月日午時	月日午時	元月廿日下午一時	月日午時	月日午時	元月廿日下午四時	元月廿日下午四時	月日午時	中華民國卅三年一月廿日	元月廿日上午時

收文發文相距　日

收文　字第　號

發文 渝會（四）字第　號

檔案 四 類 二 項 六 卷（一）號

331

署長俞鈞鑒：渝造(33)丙字第00399號文造丙代電寅蒸奉悉。遵以合令查造本廠三十三年度建設計劃概要十份隨電呈送，仰祈鑒核爲禱！第十工廠廠長莊〇叩（興字會印）

附建設計劃概要十份

軍政部兵工署第十二廠三十三年度建設計劃概要

34-1

(一)目録：

(四)(1)提要概述

建設計劃 添建房屋（附）

(五)添置機器設備（附）

（二）計劃正文：（1）擬案概述

原有械三、四兩廠專造二公分及三·七公分砲彈之用，擬製六公分迫擊砲及砲彈，以第[illegible]字械三同[illegible]自本年[illegible]著

查本廠（本年度須大量製造六公分迫擊砲及砲彈）原有[illegible]

更以[illegible]專造二公分及三·七公分砲彈之械來將全部改用，必須添置

前將[illegible]添置項目列股（?）所有

置械三增建房屋，始克趕工製造[illegible]，擬請

建築及有關事宜均由本廠土木工程科及營繕科

核定建設辦理，所需經費即於本年度建設經費

中支用。

（2）添建房屋

甲、第八廠廠房：（即迫擊砲之械工及裝配場所）面積

九00平方公尺，造價預計三·一六0、000元，必須於四月

75-1

间后工。

乙、第九号厂房（即收弹药木箱锯料厂）面积一六〇平方公尺，造价须计四〇〇，〇〇〇元，必须在三月中竣工。

丙、橡胶厂弹壳炮弹另件甚多，一时难之另件在五月竣工，於橡胶厂新修厂有工作处所，势非增调不能应用工作，须增建一二〇平方公尺，约计三六〇，〇〇〇元，於五月间完工。

（3）添置机器设备

甲、制造追击炮[illegible]机器：

铣床六部约计六，〇〇〇，〇〇〇元

车床三五部约计三〇，〇〇〇，〇〇〇元，分期於本年购置。

（俾机力能达到每月装炮一〇〇门之势）

乙、製造迫擊砲彈機器：兩公噸化鐵熔鐵爐二座約計一〇〇〇〇〇〇元，鏇風機一部約計二〇〇〇〇〇〇元，泥心機一部約計二〇〇〇〇〇〇元，磨砂機一部約計二〇〇〇〇〇〇元。上列各項機器均須本年度開始時購置應用。（係供建造新廠每月出砲彈三〇〇〇〇〇發之用，暫緩採辦。）

丙、製造砲彈木箱機器：木刨床二部約計三〇〇〇〇〇〇元，木排鋸一部約計四〇〇〇〇〇〇元。以上兩項均須本年度開始時購置齊全，俾木箱供給得以無缺。

丁、其他機器：發動各項機器之其傳動馬達自應所需之設備，暫計需添購一〇〇匹計廿套，約計需價一〇〇〇〇〇〇〇元。再因本廠員工人數擴充原有

36-1

給水幫浦計有一套，但馬力較小，該幫浦遇障故，全廠給水即發生問題，擬請購備救濟設置抽水機連馬達一套，約計一〇八〇〇〇〇元，上列機器擬在上半年度補購。

兵工署第十工厂为造报一九四三年度工作成绩五项报告致兵工署的呈（一九四四年二月十六日）

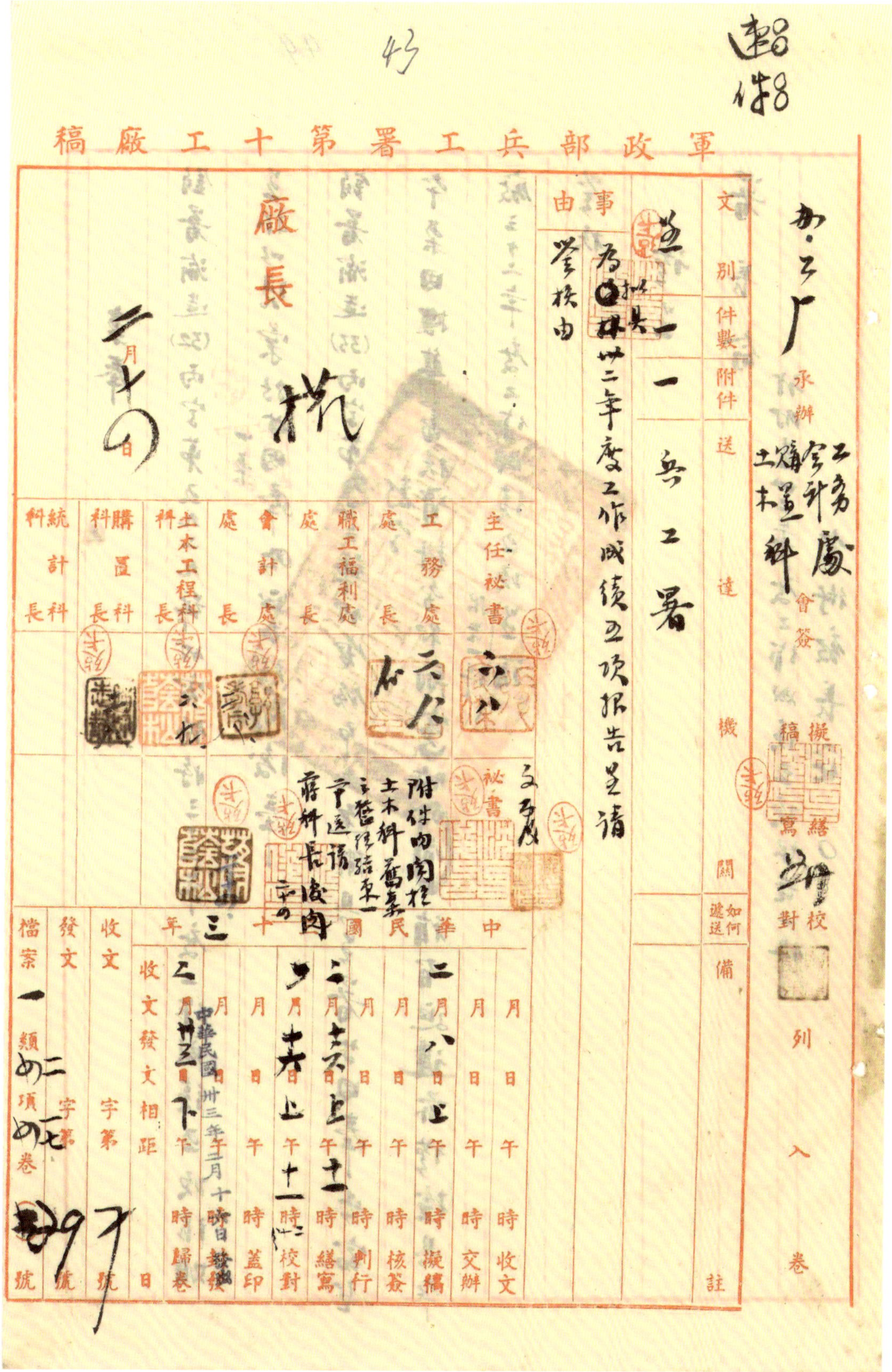
軍政部兵工署第十工廠稿

文別：呈
件數：一
送達機關：兵工署
事由：為造報卅二年度工作成績五項報告呈請鑒核由

廠長：梳
二月十四日

承辦：工務處 會計處 土木工程科
附件四內有土木科舊案一件送請秘書、科長核閱

中華民國三十三年
二月八日上午 擬稿
二月十六日上午十一時 繕寫
二月十六日上午十一時 校對
二月廿三日下午 收文發文相距

中華民國卅三年二月十七日發

44

案奉

鈞署渝造(32)丙字第五九二九號代電飭將三十二年度工作成績五項限期呈報以憑彙轉一案等因奉此正辦理間復奉

鈞署渝造(33)丙字第八七六號代電飭即迅速趕具呈署等因奉此當查本案因搜集數字審核資料分別翔實致時間稍有延遲茲謹檢具本廠三十二年度工作成績五項報告一件呈請

鑒核

謹呈

署長俞

計附呈卅二年度工作成績五項報告一件

全銜廠長莊〇

45

（一）出品

查本廠卅二年度上半年為籌製新品——六公分迫擊砲及彈閘於設備及技術所費時間甚多，雖已達出品之地步，惟因設備尚未臻於完善，技術亦諸多改良，故新品產量尚未能達到本廠預定之目標，但其他原有製品如三七砲彈、六公分砲彈及擲榴筒彈等亦同時製造，茲將卅二年度出品種類數量列後：

(1) 六公分迫擊砲彈二萬五千發

(2) 蘇羅通三七公分破甲彈八萬五千發

(3) ……………… 榴彈七萬五千發

(4) ……………… 二公分曳光榴彈五千發

46

(5) 蘇羅通二〇公厘榴彈七千發

(6) ……曳光彈四千發

(7) 歐力根二〇公厘榴彈四千發

(8) 歐力根二〇公厘曳光榴彈三萬發

(9) 擦槍器具五萬零弍拾套

(10) 信號槍彈四萬零一百五十發

(11) ……銅壳一千個

(12) ……底火一千個

(13) TNT方形藥包九萬六千五百零九枚

(14) 第二號大帽九萬二千四百六十枚

(15) 八號電信雷管二萬四千枚

(16) 八號雷管一十七萬六千枚

(17) 十五公分迫砲彈傳爆藥柱五千枚

(18) 蘇羅通三七公分填砂彈九百發

(19) 圓形藥柱五百枚

(20) 三十五式引信六個

(21) 七九尖彈沖模三千五百五十七料

(22) 七五傳爆管之套二萬零五百五十枚

(23) ……………管帽二萬零五百五十枚

(24) ……………小銅殼三萬枚

48

(25) 七五傳爆管銅圓三萬枚

(26) 三·七五公分內箱搭品

(27) 三·七五公分外箱搭品

(28) 代磨切冲子一百枚

(29) 修理維克斯機槍高射彈九百四十四個

(30) 代封四五七公分引信鉛皮箱七五個

以上三十項均係三十二年度製造成品，其中除已大部份解繳外，

尚有少數存庫待繳

欠繳製品

(1) 六七公分迫擊砲四百門

(2) 六五分迫擊砲彈六萬五千發

(3) 信號槍彈五萬九千八百五十發

以上欠繳各製品均係本年度新製品因設備不全技術上多所研究改良以致未能如期完成擬在卅三年度上半年全部造竣

(二) 遷建

本年度因奉令增造六五分迫砲及迫砲彈設備人員為應事實需要均有增加關係於敝廠廠房舍以及附屬建築各事業並須添建計全年建築如次

(1)(一) 各種槍器翻砂等廠房十八座

(2)(二) 辦公室(包括營房(醫院)分診所合作社營業間等)九座

50

(3) ~~(三)~~ 水塔三座

(4) ~~(四)~~ 山洞（材料儲藏仿其旧式）二座

(5) ~~(五)~~ 教室四座

(6) ~~(六)~~ 職員宿舍一座

(7) ~~(七)~~ 工人宿舍四座

(8) ~~(八)~~ 職員住宅九座

(9) ~~(九)~~ 工人住宅九座

(10) ~~(十)~~ 集會場所及道路堡坎等修築工程

51

(三)出品之研究及改良

查本厂对于出品之研究及改良技术人员素富兴趣在本厂鼓励之下致力不辍本年度本厂筹制六公分迫砲及迫砲弹技术上发生之问题亦愈多计业经改良成功者有如下列诸项

(1)利用二公分与三七铜壳机器自制弹带用之紫铜圈以代替舶来之紫铜管

(2)研究三七破甲弹之头部淬火之成功较德制尤胜一筹

(3)苏式二公分榴弹离心子之自制自验

(4)六公分迫砲弹引信苏式三七破甲弹引信体及火帽座设计与制造方法之改良成功

52

(5)（十五）電氣雷管之製造成功，效力確實，不遜於舶來製品

(6)（十六）仿製曳光管之研究改善與研究底火火帽製造工作之安全，均告成功

(7)（十七）改良德國蘇式三七破甲彈彈底引信螺蓋之咬合銅套圈，可免除膛炸，成績良好

(8)（十八）廿吋鋸條、一公厘麻花鑽、螺絲輥刀及油眼鑽等之研究自製均告成功

(9)（十九）檢驗制度之普遍與嚴格，校驗秤實施方法之改良成功，使裝配減少困難，使兵器效力大為增進

以上各項均經製成說明及藍圖，另有專案並報，至鑄工翻砂技術之研究，改良迫砲彈藥包之研究，改良及其他正在研究中者，皆未計入

53

（四）舊案之整理結束

查本年度對於舊案之整理結束以會計方面爲主，業務方面次之，至工務方面有卅一年[繳造]成品之補繳[因當工作性質未同故]與其舊案之擱置，亦列舉其由如後

關於會計方面者

（1）廿六年度遷移費（由湘遷川）之結算[計]書報[造]辦理完成。

（2）廿六年度起至三十年度止渝廠建設費之結算[決]書報[編]完成。

（3）廿九年度及卅年度製造費之結算[決]書報[編]完成

關於工務方面者

（1）TNT方形藥包九枚 無字第三八四號繳造令

54

(2) 第二式大帽四萬七千八百三十枚　製字第八九三号饬造令

(3) 酸力根二百分擋彈四千發　加字第一二九七號饬造令

(4) ……………曳光擋彈三萬發　加字第一三五三号饬造令

(5) 八號雷管一十二萬二千枚　加字第一三三二号饬造令

以上五項係三十一年度（饬造）應繳三十二年補繳之製品

關於土木方面者

(1) 廿五年第三批工程之（驗訖）結算[illegible]號

(2) 廿七年第四批工程之（驗訖）結算[illegible]

(3) 廿八年第九批工程之（驗訖）結算[illegible]

(4) 廿九年第十批工程之（驗訖）結算[illegible]

(5) 廿七年一二三四号清点旧工程之結算報銷

(6) 廿九年第五号清点旧工程之[illegible]號收完成

(7) 三十年第六号清点旧之結算報銷

(8) 駐桂辦事處及庫房改建住宅工程之驗收完成

(9) 三十一年工廠宿舍工程之驗收完成

（五）材料之供應

本廠卅二年度重要出品為三七榴彈三七破甲彈擲榴彈六公分迫擊砲及彈與信號彈六種前三種為本廠原有出品其正料早有準備故卅二年度所需供應上並無問題惟所餘三七砲彈材料已不齊全若欲繼續出品將有困難所缺材料皆係特種船來品如三七雛心子系破甲需要用氧化鉛等皆非國內短期間所能補充故不得不未雨綢繆曾一再設法自印度購運氧化鈉以便自製氧化鉛又與友廠磋商試壓三七雛心子系現已成功氧化鈉亦已運到續出三七砲彈材料之供應可無問題

六公分迫擊砲及彈雖於卅二年度下半年開始製造然正

5-6

料於卅一年度內即已着手準備，故卅二年度應需材料大體上亦無問題。惟友邦銅皮時感供應不够，亦今後砲與彈勢將為本廠經常最主要之出品，故本廠曾有籌備砲一萬五千門彈百萬發所需材料之計劃，分别為必須外購與可由國內自造兩種，請署向美訂購，并與友邦接洽，以圖久遠。以目前情形度之，彈黃銅坯與黃銅條二項，卅三年尚不敷甚鉅，信號彈原料毛氈與小粒黑藥均有問題，將來且無法補充，因此後將使製造上發生嚴重困難。

副料方面，供應成問題者仍為若干必需舶來品，如燐銅坯、部三角皮帶、鋼珠軸承、鋒鋼、滑潤油等等，雖不得已時因陋就簡設法代用，但困難之處亦復不少。

57

卅二年度各種正副材料供應總數約六千五百噸，可分為五金材料、煤焦、土木材料及雜料四大類。五金材料及煤焦殆全部仰給于兵工署，土木材料及雜料亦各佔百分之五十係由署撥發，其餘則係在國內產地或本市行商訂購。茲將各類進料噸數列後：

(1) 煤焦約三千噸，全係署北碚辦事處供應

(2) 五金類以銅鋼（生鐵）為主，共約一千五百噸，係由署撥發

(3) 土木材料類如洋灰、磚瓦、木材等共約一千噸，其中百分之五十由署撥發，其餘百分之五十係在（國內）產地或行商訂購

(4) 雜料類如火磚、火泥、桶思、桶白、泥石、菜油以及翻砂用各種雜料共約一千噸，其中百分之五十係由署撥發，其餘係在國內產

地政向行营讨赔

兵工署第十工厂为造报一九四四年度一、二月中心工作进度实施报告表致兵工署的代电（一九四四年四月十二日）

045

軍政部兵工署第十工廠稿

文別：代電　件數：一　附件：

秘書室承辦　工務處會簽

擬稿　繕寫　校對

送達機關：兵工署

事由：遵令造具本年度一至二月中心工作月份進度實施報告表四份并補呈預定計畫表一份，俾案賚請鑒核由

廠長 [signature]　四月五日

主任秘書 [signature]　秘書

工務處長 四、五　作業課

會計處長 四、五

職工福利處長　土木工程科長　購置科長　統計科長

中華民國三十三年

收文　月　日　午　時
交辦　月　日　午　時
擬稿　四月四日下午五時
核簽　月　日　午　時
判行　月　日　午　時
繕寫　四月十二日上午十時
校對　四月十三日上午十一時
蓋印　四月十二日上午十一時
歸卷　四月十五日上午十一時
收文發文相距　日

收文　字第　號

發文　渝秘（造）發第 740 號

檔案　四類二項六卷（一）

代電

署長俞鈞鑒：奉渝造（33）丙字第〇三一二三號馬代電，飭補呈本廠本年度一至二月中心工作月份進度實施報告表一案，自應遵辦。謹依奉頒表式各造二份，賫請察核。惟查與此案有關之三十三年度中心工作分月進度預定計畫表，遵奉鈞署（32）渝造丙字第一五八八二號養代電，本應填報在前，茲為便於考核月份進度實施情形起見，特補造分月進度預定計畫表一份，隨電附呈，敬乞備案彙核為禱。（全銜）廠長莊〇叩（文）印

附賫中心工作一至二月份進度實施報告表四份

分月進度預定計畫表一份

046

軍政部兵工署第十工廠三十三年度中心工作分月進度預定計畫表

案由	計畫提要	一月	二月	三月	四月	五月	六月	七月	八月	九月	十月	十一月	十二月	備考
械彈製造	三七破甲彈	五千發	一萬	一萬	一萬	一萬								全年共計四萬五千發
	擦槍器具	八千套	八千	八千										全年共計二萬四千套
	六公分迫擊砲				一百門	一百	一百	一百	一百	一百	一百	一百	一百	全年共計九百門
	六公分迫砲彈				二萬發	二萬	二萬	二萬	二萬	二萬	二萬	二萬	二萬	全年共計十八萬發

軍政部兵工署第十工廠年度中心工作月份進度實施報告表

主管長官莊〇呈 三三年一月卅一日

案由	計畫提要	原定進度實施情形	檢討實施之困難與缺點	主管長官初核意見	備考
械彈製造	三七破甲彈五千發	另件已大部份造出	因砲彈紫銅導帶製造時,發現友廠供給之紫銅板廢品率太高,阻碍進度	依製造能力論,本可照預定計畫完成,惟以材料配備未能盡合標準,時常發生意外之困難問題,須謀局部解決,整個進度因而受其影響,又以製造技術在改進之初,準備需時,此亦工作難於推動之一端,非關人謀之不力也。	
	擦槍器具八千套	同前	因奉署令將上項器具原用之帆布袋改為皮袋,工料準備不及,未能解繳		

軍政部兵工署第十工廠年度中心工作月份進度實施報告表

主管長官莊○呈 三三年二月二九日

案由	計畫提要	原定進度	實施情形	檢討實施之困難與缺點	主管長官初核意見	備考
械彈製造	三七破甲彈	一萬發	另件已做成一萬餘發	砲彈導帶之困難問題，尚未能圓滿解決，故仍難照原定計畫解繳。	較上月份實施情形已稍有頭緒，看立好轉	
	擦槍器具八千套		除完成上月份所缺另件外。餘均做齊。代衣樣子正皮帶亦開始，應核示中。未畢製造			

兵工署第十工厂为补报一九四四年度三、四、五月中心工作进度实施报告表致兵工署的代电（一九四四年六月二十九日）

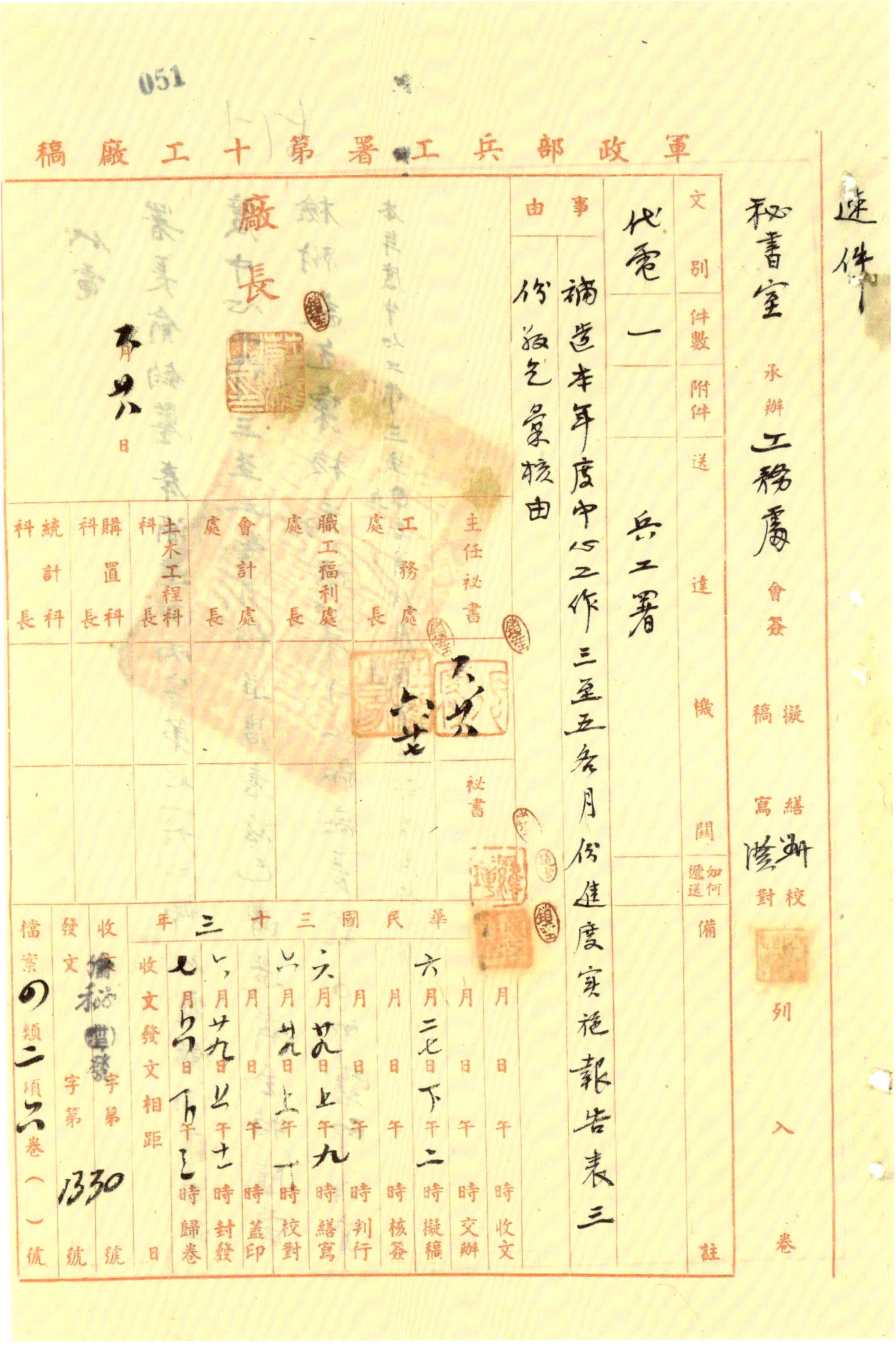

軍政部兵工署第十工廠稿

速件

秘書室 承辦

工務處 會簽

擬稿 繕寫 校對 列入卷

文別：代電

件數：一

附件：

送達機關：兵工署

事由：補送本年度中心工作三至五各月份進度實施報告表三份敬乞彙核由

廠長

六月廿八日

主任秘書 工務處長 職工福利處長 會計處長 土木工程科長 購置科長 統計科長

秘書

中華民國三十三年

收文	月 日 午 時
交辦	月 日 午 時
擬稿	六月二七日下午二時
核簽	月 日 午 時
判行	月 日 午 時
繕寫	六月廿九日上午九時
校對	六月廿九日上午十一時
蓋印	月 日 午 時
封發	六月廿九日上午十一時
歸卷	七月六日下午三時

收文發文相距 日

收文 字第 號

發文 字第1330號

檔案 四類二項六卷（一）號

511

代電

署長俞鈞鑒奉渝造(33)丙字第七一六二號〔册〕代電飭補報本年度中心工作三至五各月份進度表茲已遵造齊全特隨電檢附敬乞彙核為禱第十工廠廠長莊〇叩巳艷印 附表

本年度中心工作三至五各月份進度實施報告表共三份

軍政部兵工署第十工廠年度中心工作月份進度實施報告表

主管長官莊〇呈

三十三年三月三十一日

案由	計畫提要	原定進度實施情形	檢討實施之困難與缺點	主管長官初核意見	備考
械彈製造	三七破甲彈壹萬發 擦槍器具八千套	各種零件除導帶外均照原定計畫完成 零件均已造出皮袋未全製齊	因友廠供給之紫銅板夾灰太多工作障碍甚大 縫製皮袋較縫製布袋費工甚多以本廠現有製革設備尚難	本廠承造上項出品根據已往經驗原可按月製繳惟以友廠供給之導帶原料不合規格其構成困難之因素不在本廠殊非自身所能為綜核其所述困難確屬事實惟當盡最大之努力以求解決	

54-1

達到月造八千力可以解決
奮之要求　至皮袋改製問
題當盡人力物
力可能範圍內
以求産率之加
強也

軍政部兵工署第十工廠年度中心工作月份進度實施報告表

主管長官莊○呈 三三年四月三十日

案由	計畫提要	原定進度實施情形	檢討實施之困難與缺點	主管長官初核意見	備考
械彈製造	三七破甲彈壹萬發	解決一部份導帶問題本月份已造繳五千發	其餘仍以導帶原料問題未解決	按既定製造程序遍進各部份工作配合尚稱努力故產率日益漸	
	擦槍器具	奉署令准將前已製成之布袋盛裝解繳本月份繳出八千		提高推其中猶有若干困難未克服者當於如迫砲瞄準器式制問題雖非（一）面製造中一面	查擦槍器具原不在本月份預定計畫內以後所造繳者皆為補足一至三各月應

55-1

六公分迫擊砲已在驗收中　我國仿造六公分加緊研究實施也（候上令確定不易繳之月額）
砲壹百門　惟瞄準器因式砲尚未至成功階早日解決也可
制未確定尚在段五十廠創其端見事有弗能盡
試造中　本廠步其後凡五如預期之順利（目標）
十廠出品有須改進於此亦其一
良者即為本廠端也
前車之鑑故瞄
準器式制尚待
研究
六公分迫砲　已照原定數

彈式萬發 額造繳

057

軍政部兵工署第十工廠年度中心工作月份進度實施報告表

主管長官莊○呈
三十三年五月卅一日

案由	計畫提要	原定進度實施情形	檢討實施之困難與缺點	主管長官初核意見	備考
械彈製造	六公分迫擊砲壹百門	全數造出并經驗收合格惟瞄準器問題尚未解決	與上月份同	本月份產品除三七彈外（餘因彈帶原料問題無法）均照計畫完成（只待瞄準器式別確定提造裝配迫砲亦可解繳）在事人員如此憂勤惕勵於其本身應盡職分尚能知所珍視也	
	六公分迫砲彈弍萬粒	全數造繳			
	三七破甲	造繳二千五	其困難之癥		

57-1

彈壹萬發　百發　結仍在導帶
原料問題
擦槍器具　第一批皮袋已　為繫帶設備
製成三千七百　所限不能大
餘只又奉令　量製造
改良現正依照
改良方式趕製

兵工署第十工厂为造报一九四四年度六、七月中心工作进度实施报告表致兵工署的代电（一九四四年八月七日）

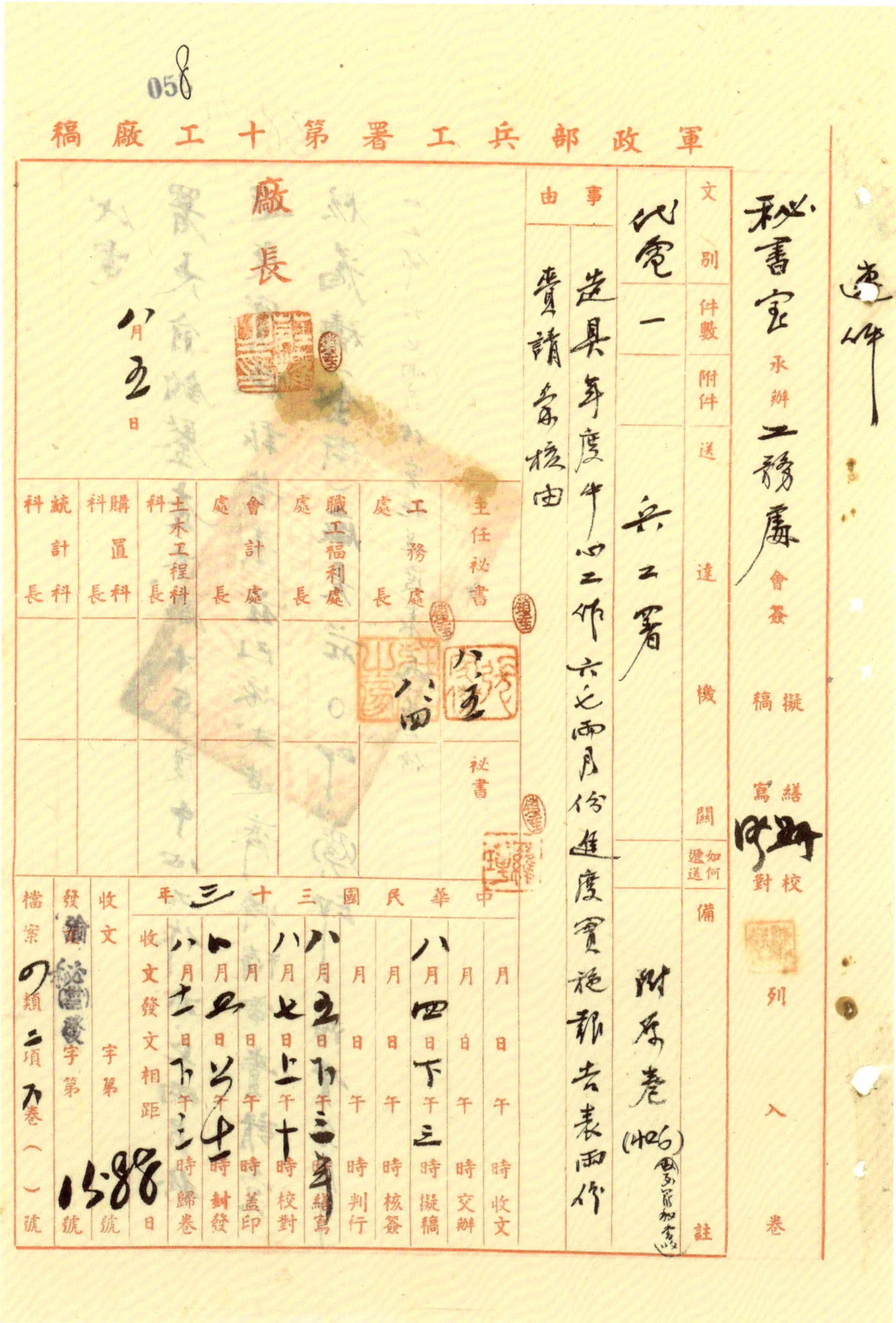

軍政部兵工署第十工廠稿

058

文別：代電

件數：一

附件：附原卷

送達機關：兵工署

事由：造具年度中心工作六七兩月份進度實施報告表兩份賫請鑒核由

秘書室 承辦

工務處 會簽

廠長 八月五日

中華民國三十三年

八月四日下午三時擬稿

八月五日下午三時繕寫

八月七日上午十時校對

八月十一日下午三時歸卷

發文 字第 1588 號

檔案 の 類 二 項 乃 卷（一）號

58-1

代電

署長俞鈞鑒：查本廠本年度中心工作六、七兩月份進度實施報告表茲已依式造齊，特隨電賫請案核爲禱。（全銜）廠長莊○叩（虞印）

附賫本年度中心工作六、七兩月份實施進度表各壹份

軍政部兵工署第十工廠年度中心工作月份進度實施報告表

主管長官莊○昊
三三年六月三十日

案由	計畫提要	原定進度實施情形	檢討實施之困難與缺點	主管長官初核意見	備考
械彈製造	六公分迫擊	照額造出	瞄準器制式	查本廠本年	
	砲壹百門	並經驗收	問題未解決	度以來所定之	
		合格	影響裝配	中心製造工作	
	六公分迫砲	已全數造		如三七彈、擲槍	
	彈貳萬發	繳		器、迫擊砲等因	
	三七破甲彈	各種零件	仍因導帶	須顧及質的精	上項出品原不
		除導帶外	原料問題	度，所以一部份	在本月份預定
		均已全數	未能解決	量的進度不得	計畫內，自茲

	擦槍器具	完成本月份繳出四千又二千已在驗收中	仍因皮袋提製不反	不受其牽制、本月份製品除依額造齊外并將欠繳以前各月之製品零件全部完成、故實際上之工作效果可謂已達質量并重之要求矣	以後凡所造繳皆為補足一至五各月應繳之月額、特此註明、

060

軍政部兵工署第十工廠年度中心工作月份進度實施報告表

主管長官莊○呈 三三年七月三一日

案由	計畫提要	原定進度實施情形	檢討實施之困難與缺點	主管長官初核意見	備考
械彈製造	六公分迫擊砲壹百门 六公分迫砲彈弍萬顆 三七破甲彈	砲已照額造出，瞄準器亦已提出二百具，即可繳驗。 全數繳出 本月繳出二千五百顆	仍因導帶原料欠佳，致廢	久懸未決之導帶原料問題經多方改進，已收若干效果，~~[illegible]~~ ~~[illegible]~~ 迫砲瞄準器，亦[illegible]解決。	

60-1

擦槍器具	本月份製成五千套，已在驗收中。	仍因皮袋趕製不及

品太多。當更加緊趕造，是本廠全部中心工作之製造程序大體上已步趨常軌，並以工作人員之勤慎從事，成效更漸好轉。

0101

迫擊炮所報告書

卅三年九月七日
于迫擊炮所

(一)成立小史——卅一年中本廠奉 署令籌造六〇迫擊炮，奉令後即開始籌備需用之機器及材料，工程師室開始設計工具及夾頭，第八所（工具所）奉令籌備製造工場並試造迫炮卅門，以研究並解決製造上之諸問題，年終大部份機器及材料自昆明一帶運到，隨即開始着手整修所有機器，卅二年春機器大部整修完善，四月十七日開始運入廠房按裝，五月十七日該部份即行開始工作，稱為製炮部，該部担任製造炮筒並所有迫擊炮零件，除適于利用自動機或六角車床之諸道工作外均

0102

由該部製造，製炮部成立後，同時已着手籌設裝配以及裝箱場所，決定將原有廠房一幢，兩端接長，以增加廠房面積，同時另建新屋一幢，用以佈置發藍油漆等設備，該項工程隨即完成，乃于十一月十六日開始裝配工作，于年終趕裝成迫炮三百門待驗。卅三年一月三日另籌設一金屬熔鑄部，準備利用砂模及硬模翻鑄迫炮之黃銅鑄件，同時並將本廠歷年所集存廢銅屑及廢銅料回收翻鑄銅條，供給第四所（引信所）製造迫炮炮彈引信用，該部份于二月十六日開工，首先熔鑄銅條，一俟目下正在進行中之擴充廠房計劃完成，當即開始翻鑄迫炮另件矣。本年

奎

四月廿四日首批迫炮廿六门已由署派檢驗員驗收，于是迫炮製造初步業已完成，乃于本年五月一日成立迫击炮所，即由上述三部組合而成，自此繼續製造迫炮而並行陸續出貨矣。

綜觀上述，本厰製造迫炮開始籌備以迄第一批出貨，歷时幾及兩載，所以如此緩慢之原因，实由于設備、機器及原料之多感缺乏，難于購置，抑且運輸艱難，而其技術上亦因而每易發生障礙所致，譬凡因機器缺乏而如何利用他種機器，原料缺乏而如何利用廢料或尋覓他種代用品等等，不勝枚举，又復限于設備而為耗

砲筒檢驗
備案

0104

二

人工種種形成不經濟之現象，而減低效率至大，目前唯對於設備機器及原料方面能得完善之解決，則於目前正在從事之整頓內部加強管理等工作，研究並改進技術上之種種問題相配合後，庶幾可得於此不能完全合理化之工廠中提高工作效率，達成順利之大量生產之目的也。

(二)製造方面目前所遭遇之問題

(1)砲筒內部之光滑度如何檢驗，如何則可用，如何則不合用，其界限何在，美製迫砲砲筒內部如何磨光抑係鉸光，本所製造方法及應用之工具有何缺點，及改進之對策。

Siamese pipe is Water pipe
Aluminium is Iron.

(2) 本廠因工具所設備不完全，度量工具缺乏，以致工作夾頭之製造因陋就簡，以致影响製品之精度，且因而多耗手工，殊不經濟。刀具方面亦以淬火設備不完全，故成績尚差，對于刀具之壽命無確切之把握，每因工具之損壞而致工件廢壞，因而增加廢品率。

(3) 方向架及支腳二項另件，美製者原係用Temper-GuB，惟因缺乏此種製造設備，不得不採用特種黃銅，以下盖亦以純鋁缺乏而改用今之銅料翻製，重量方面不免因而增加，且對于銅鑄件內部砂眼限于設備無法檢驗，亦屬憾事。

(4) 砲腿原用無縫氣管(gaspipe)製造，現亦因缺料而採用有縫

0106

三

水管对强度方面至差，因而不得不用套圈电焊，以防破裂，费工费料。

(5)滑套亦因无适当管料，现用整料挖空，实为费工费料。

(6)砲身弹簧因缺捲弹簧机，系用车床盘制者，费工亦费料。

(7)底盘之座板及身及铁肋十二条，因无较重冲床冲制，现系用手工并利用铇床及铣床，殊为费工。座板及身本厂亦无法压制。

(8)砲管原应油漆，但国内缺乏耐热漆料，不得不用发蓝方法代替，其他应漆处则用硝漆喷漆，惟漆质

0107

較差，頗不耐用，且較噴漆不易乾燥，較為費时、

(9) 皮件方面则以國内缺乏硝製药品，故質料不佳，自不耐用、

(三) 機器及設備方面感覺缺乏者、

(1) 量炮筒内径量具，現用者太短且为檢驗課合用，十分不便，故需增加兩具，其一即交檢驗課使用

(2) 精確之象限儀一具，水泡靈敏度每格半分

(3) 三頭及双頭電拈鑽壹部最大可鑽10mm者

單頭電拈鑽四部最大可鑽8mm者

(4) 螺丝鑽床壹部最大可攻M8螺丝者

(5) 压鑄機及設備壹套以提高翻鑄鋁合金件及黄銅

件之效能，增高精度，節省工時

(6) 捲彈簧機壹部

(7) 大型冲床及熱壓機

(四) 材料方面感覺缺乏者

(1) 砲閂料—尺寸強度均合規格，而原料必需均勻，熱處理(Vergüten)完善

(2) 純鋁或鋁合金(如Silumin)

(3) 砲閂料—1/2"無縫氣管

(4) 滑套料—3/4"無縫氣管

(5) 砲閂漆料—耐溫（紅色防鏽底漆、草綠色漆）並須可以噴漆上噴漆者

(6) 三角皮帶—A68、A34、C35、C88四種

工務處材料庫工作報告

三十三年十二月二十日

(一)本年度工作進度

(1)盤　存

本處奉　署令盤存所有財物當以材料最爲重要經工務處通知各部份自本年一月二日起至十六日止停發材料并撥運輸隊三十名協助庫中全體人員出動盤存所有材料前後共計一月之久始得完畢此項工作并逐項填具盤存報告表送請會計處彙呈大署備案

(2)整　理

自盤存後繼之整理工作開始惟限於庫房地位不敷週

511

轉不得不就現有環境逐步進行茲分陳於後
(甲)危險品之整理
原有龍洞塆雙層山洞內部地板及樓板腐壞非常危險遂將內存無烟藥四十餘噸移置擴三洞後段暫存嗣以該洞潮濕過重以致所存六公分炮砲藥須經烘乾後始可應用幾經接洽始得龍洞塆警衛隊讓出平房壹所但以該處接近五所工作場地且包商亦在附近開採石塊墻壁又係竹編為安全計實不宜於存放無烟藥當以龍洞塆僅有之合理化學藥庫內所存比較安全鉀銷氯酸鉀等四十餘噸移存此屋騰出地位存放無烟藥一大部份其餘仍存老虎溝山洞內加以分門別

類整理其中不能利用之漢造加農砲藥及二十三廠代製無烟藥此呈奉　署令撥發天寶鉄路局利用惟八二迫炮藥十一噸　署令妥為保存俟令轉撥他廠迄今仍存庫中其他梯恩梯特屈兒黑藥等均就原地存放

（乙）油料之整理

庫內所存油料種類甚多尤以其中汽油代汽油及亞西通危險性特大且桶裝偶一不慎即易揮發損失當經逐桶檢查外塗桐油移置擴三洞後段存放其存酒精及各種機器油亦經分別整理存放原處得到經驗凡鉄桶塗以桐油雖可保持不生銹不腐壞惟每年須加塗一次否則恐仍有油去銹

52-1

生之患

（丙）銅鉄銅料之整理

以往庫房不敷以致各種銅鉄銅料分散各地現因擴三洞完成即在可能範圍内將各種銅鉄銅料分類整理集中洞内存放并漆各種顏色為標誌惟以地位有限仍難免尚有若干尺寸較大者未得入内俟將来新庫房落成當再予以調整存儲以利保管

（丁）廢料品之整理

庫存廢料品因限於地位從未着手整理所幸今年熔銅部開爐經將所存各種廢銅料陸續送往回爐始得騰空地位稍

予整理旋以廢料庫草棚拆除改建新庫房不得不暫時露天存放庫後竹籬内一俟該處庫房落成後再予詳細分類整理盖以目前殘材時生產局對於廢料品之調查亦甚注意也

(3) 調整登記

自本年一月份起即按照實際盤存數字成立新帳按日登記每月終由各分庫造具月報送總庫查核後再造總月報以一份送作業課為收發材料之統計並以一份送會計處成本課核對本月份按日登記收發材料數字有無錯誤從此三方面皆能聯繫似較以往加强並以存儲地點之分別添

53-1

設卡片交由收發人員隨时登記數字與記帳核對以免遺漏而生錯誤

(4)增設五分庫

第三所離庫較遠領料時頗感不便要求設立分庫并經請准調用購置科科員楊葆生管理該分庫已將所有生鐵焦煤各項材料接收整理按照其他分庫管理登記辦法進行

(5)校對磅秤

本廠各所向庫領料時以磅差發生爭執尤以收料時與購運人員亦有隔閡實際庫中原有磅秤即甚準確惟以

收發材料彼此所立地位不同因之互相猜疑而生爭執自啟難免經請准購得度量衡總局法碼兩付隨時校对磅秤從此即無問題矣

(二)明年度中心工作計劃

(1)佈置新庫房歸併三分庫

原有廢料洞炸棚已經呈准并經土木科招商動工拆除後建築大庫房兩所俟完成後即將所有露天存放及分散各地材料移存庫內加以合理佈置並以該庫房接近第十所擬將三分庫取消所有水電材料收回集中管理收發蓋以過去三分庫工作不多未便添用庫員前往

54-1

管理僅就第十所事務員何俊可兼任是項工作何君以第十所領料及管理工具事務而兼司立地位之發料工作時有責任不能分清之感且亦易於錯誤似不如由庫集中管理為宜

(2)整理一分庫

分庫原為舊民房地位狹小高低不平屋頂漏雨窗不通風且有多處墻壁傾斜以致內部存儲各項雜料布疋皮革絨線油漆等等混亂放置毫無頭緒雖經盤存一次仍感限於環境無法分門別類予以合理佈置現經請准開工修整擴充一俟完工自應予以內部之整理力求通風乾燥而整

潔

（六）整理四分庫添建石灰水泥儲藏屋

四分庫專為存放土木材料而設，其中磚瓦木料向係露天存放，惟石灰水泥雖經數年前搭蓋臨時瓦棚數間，殊感不敷應用，尤以石灰見水而能生火自燃，去歲曾在白天發現撲滅，經第九所予以修理，免强暫用。水泥更怕受潮成塊，廢棄無用，過去此種情形亦曾發現。明年度建築工程大增，是項材料儲存量勢必隨之增加。土木料亦因為此事數度面洽，擬請准予即在原地添建石灰水泥庫房各一所，以便整理儲藏而利保管。

55-1

(4)擴充濾油房添置濾油機

濾油房因限於機器設備現在按照本廠出品情形每日加單工始能將各所繳來銅鐵銅屑濾完有時星期日仍應加班分油機仍甚複雜非本廠所能自製者濾油機仍甚簡單不難自製擬請添置一部或兩部就第二所附近建築房屋一小間即可不加工按日濾完且能減少人力

(5)設立廢料廢品庫

本廠自奉　署令成立廢料品清查委員會因無適當庫房集中管理廢料品僅按規定每年六月及十二月間會兩次由各單位列表報告廢料品之數量臨

時決定處理辦法而我有廢料品仍存原部份難免顧此失彼之慮此次開會議決由材料庫設立廢料品庫集中管理凡各部份如有廢料品可隨時繳庫整理并擬定處理辦法報請廢料品清查委員會核辦從此即可隨時考查以便處理

(6)添建藥品庫

龍洞灣山洞潮濕甚重除有一洞已經報廢不用外尚存一洞存儲梯恩梯雖經去歲修理地板免強可用但以不通風之故仍覺潮濕地板又將損壞擬請即在該洞附近添建庫房一所以便存儲再有特出免存放龍洞灣民

房三间内雖經修理可用但以兩邊原有舊廢民房擬請拆除以資整潔

按材料之管理是否得法當視員工平時工作是否認真尤以過磅點數更應注意期實登記力求細心以免失之毫厘差之千里所幸近年来庫內職員均能安心工作謹慎服務尚無殞越之處此後當本事實之需要逐步推進務求登記數字與實物絲毫不差內部陳列整齊清潔以上祇是六項明年度中心工作係舉比較重要而必須進行者尚有其他零星枝節問題再看環境如何而推進

兵工署第十工厂工务处第七所一九四四年度工作报告（一九四四年十二月二十日）

014

第七所工作報告 三三、一二、二〇、于第七所

竊值年終即屆遵

命謹就職所工作概况列分(一)本年度(卅三年度)工作進度(二)明年(卅四年)度中心工作計劃二項臚陳於后 敬請

鑒督 謹呈

兼代處長

廠長 莊

職鄭呈（印）謹呈

14-1

本年度（卅三年度）工作進度

（一）人事概況

（甲）職員　本年度出品數量遽增且值六公分迫弹大量生產伊始是以技術及管理方面問題倍較往年繁複然以適當之技術及事務人員人選不易羅致迄今　職所仍僅原有之技術員二人事務員三人月前新增之技術員伍晋璋隨以奉命出國未能實際參與工作故以　職所人手至感不敷對各項應加研究改進工作時感心餘力絀於人力未獲補充前自惟有飭各員加倍努力儘量提高工作效率而　職所寫字工汪壽祥入廠四年向亦充任收發保

015

管等事務工作能力頗佳擬另呈請賜改職員俾便助理內外事務茲將現有各員職務分配情形詳列下表：

職務	姓名	職掌
所長	鄒昱	總管本所一切技術及行政事宜
技術員	俞伯銘	掌管引信裝配一切技術事宜并兼管工具之設計
〃	陳光祖	掌管彈頭及全彈裝配一切技術及管理事宜并兼管試砲
事務員	譚隆文	掌管本所政工及文件收發并兼管材料工具之收發及保管
〃	劉飛麟	掌管縫緞及裝葯等一切事宜
〃	張裕驥	掌管裝箱白鉄等一切事宜

(乙)工人

職所工人人數本年度下半年增加頗多現共有百陸拾伍人

15-1

較去年增加50%但以出品數量大增且以陸續招添工人不免略需時日復以半成品關係致下半年工作特形忙迫職所各部均先後夜晚加工若干次而白鐵工招致尤難人數迄不足用所幸引信盒藥包盒焊製之方法改良不久即可實行當可節省人力不少各部工人工作分配情形列下表：

工人類 / 工作分部	大工	學工	女工	小工	工人總數	全所工人總數
引信裝配	19	6		14	39	壹佰陸拾伍人
砲彈裝配	23	7		23	53	
縫銅及裝藥	1		39	1	41	
裝箱及白鐵	20	5		7	32	

（二）出品情形

本年度砲彈出品以六公分迫彈為主三七公分破甲彈製造數量不多外尚有少數試驗用彈茲將各項出品數量分別呈閱於左：

類別	名稱	數量	單位	備註
6cm	迫擊砲彈	380,000	發	
3.7cm	破甲彈	43,600	〃	
3.7cm	空砲彈	1,000	〃	
3.7cm	填沙彈	700	〃	
1kg	爆發罐	2000	個	
6cm	迫砲填沙彈	13,500	發	驗收本廠製迫擊砲用

16-1

（三）用料情形

全年度所用主料及副料數量分别列表呈閱於后：

主要正料

品名＼數量	實用數量	單位	備註
白薄綢	399	疋	
白棉線	57.5	公斤	
白蠟線	138	團	
#200迫砲药	33734	公斤	
三七無烟药	130	箱	
小粒黑药	6	〃	
#12鳥槍彈壳	333600	只	
牛皮紙	3575	張	
桑皮紙	8503	〃	
洋膠片	48	公斤	
酒精	75	加侖	
蔓黄	9.5	公斤	
黑磁漆	23	听	
松香水	380	公斤	
黄凡士林	164	〃	
桐油	386.5	〃	
焊錫	803.56	〃	
馬口鉄皮	27391.5	公斤	
1/8鋼珠	678912	粒	
2.8m/m鋼珠	359886	〃	
1/4洋釘	231.5	公斤	
白帆布	173.2	丈	
白粗布	506	丈	
灰磁漆	1307.5	公斤	

主要副料

品名＼數量	實用數量	單位	備註
鋸条	49	支	
砂布	423	張	
煤油	23	加侖	
焦炭	15615	公斤	

(四)技術方面之改進　六公分迫弹本年度始行大量出品配裝工作自亦不免各項技術問題其關係成品之性能至重且大除瑣細者外謹將較可記述者報告於次：

(甲)引信作用確實性之提高——引信作用之良否固與各件製造之精粗有直接關係然其裝配及試射工作尤倍覺重要蓋裝配時尚多必要之加工且經裝配與試射始可發現其不當上半年度出品開始實驗時曾發現引信作用欠佳比作多次試驗檢查獲知有數点亟須改進(一)火帽座压光工具之改良(二)火帽座加添滚光工作(火帽座之光滑度着定規格為火帽圓筒傾斜30°時火帽座須能自由滑下現本廠加工後火帽座僅20°即可達此結果)(三)引信体增加

深度檢驗(四)增加擊針長度及中心檢驗經此數点改進後引信作用之確實性乃大見增高射擊結果最佳時可個個發火有時僅1%不炸最差時亦在1/30到1/40之間(署定規格允許1/20不炸)

(七)六公分迫彈彈尾鉚裝方法之改進—彈尾旋入彈体後必須加鉚使相固着以確保良好之彈道此項鉚尾工作原須先行銑製彈体尾部槽口然後使彈尾管鉚合但槽口如用銑車銑製則因上下不便仍極費工故向係職所工人以手工開銼此法自甚笨拙且所費銼刀冲頭等工具及人工均甚多殊不經濟及多次試驗压鉚方法始改用油压機工作槽口不復另銼即於压鉚之一道工作中被壓變

形而成工作效率得以大大增加而成品亦能完美確實

（丙）引信盒藥包盒焊製及封口方法之改進—引信盒及藥包盒焊製方法原均分為蓋底二件蓋合後再行用油漆封口此法工作至繁而封口尚嫌不確費料尤多經研究新法封口該項鉄盒由底蓋二件易為一件遂得節省原需工時之25%且月可節省油漆一一〇公斤餘及鉄皮四一二公斤餘而防潮尤為確實所需工具正製造中明年即可採行

（丁）迫砲發射藥之加烘—迫砲藥為美造桶裝以防濕不嚴致多潮損發現後乃於裝用前加烘乾處理經此工作後之底火發射時砲彈之精度結果已較前為佳但以烘房設備容量均嫌不够尚有

18-1

多種待烘工作不克極早兼施一俟新建之烘房完成當能有極佳之收穫也

（戊）木箱去脂工作之研究——迫彈裝箱後放置稍久即發現彈壳油漆變為粘濕性油噴而損害美觀甚且流被彈帶部份致碍發射為患至大經研究知係柏木所含樹脂揮發後觸及油漆部份而使溶解所致為防制此種弊害一以木箱經長時烘焙使樹脂先行揮發一即易柏木為杉木料此二法本廠以兼施之此問題得告解決

（五）設備方面之增添　自本廠新出迫彈以來或以原有廠房不够或以試驗工作所需或以安全及管理方便職所先後增添塲房及設備

計有：

（甲）廠房二座—其一係新建者位職所現有裝箱房側擬作引信裝傳爆管及引信底火裝盒封口等工作應用盡一以接近裝箱地点可省危險品搬運之不便一以疏散工作人員以防意外另一廠房則係五所舊有之辦公室擬專白鉄焊裝工作地点俾炉火絕對隔離砲彈裝箱及存放所在以策安全此職夙引為深慮者也此二廠房不久即可整建完成明年元月當可遷入工作也

（乙）烘房一座—備有暖氣管可以調節適宜之溫度用以加烘發射藥底火藥包及各項與藥有關之製品

19-1

（丙）六公分迫砲平射裝置—係利用一俄造舊式三七平射砲架改裝並配用自行設計製造之砲閂而成用以爲射擊試驗之需

（丁）管理方面之改善

職所全部爲裝配工作須以性質及設備關係手工較機工爲多因以管理方面亦特別不易蓋既欲求其效率提高又必欲求其工作確實達此目的非可如機工工作預爲計時計件衡量機器能力等等加以嚴格計算而規定者也故平日職所對各工偏重精神訓練務求（一）養成其自動精神（二）提高其工作興趣（三）使具備充分之責任心在此原則下經施長期之陶鍊與管理本年中已獲見相當之

020

成效即以各工上半年與下半年之效率相較已分別平均增高50%至100%矣至管理方面在本年中加以改進較爲具体之事件則有：

（甲）焊盒與裝箱工作地点之隔離——原以廠房地狹關係焊盒焊箱與裝箱同居一室此自屬欠妥向以限於地位莫克改善後經職所自行關闢整理現有裝箱房後地面一方并搭蓋一火爐室俾專用爲焊製工作地点以與砲彈裝箱地隔離實施以來一切均較有序而安全問題亦獲改進明年新增廠房落成全部遷移後則更爲妥善矣

（乙）材料之嚴格管理——廹彈裝配工作之用料無論巨細均經精密

20-1

測定其消耗量各工所用採分領辦法每日計量由材料管理員發與並按日統計其能節省公物者定有獎勵辦法實施以來頗收成效如打磨用之砂布焊盆用之焊錫零星修配用之鋸條等等較前均節省甚多

（丙）注意廢料之利用與繳庫——工廠中廢料所在皆有常有視之無用而利用之則頗有價值者職所對此向極注意務求物盡其用如底火中之墊片即利用廢紙盒沖製而成年內所裝數十萬底火此費當亦甚爲可觀也新法封盒之小匙亦擬利用彈尾翼沖過之廢料製之又如製引信盒等之廢白鉄狭条亦曾作各種利用方法之研究如設法沖用圖釘紐扣等等惜

以職所人手有限輙感時力不及乎至所中不能利用之廢物則仍如數繳庫以便保管而重公物也

明年度(卅四年度)中心工作計劃

明年度爲本年度之賡續所有工作亦然其原則要不外(一)未完成工作積極促其實現(二)已完成工作愈益求其精研本此原則茲謹將職所明年度中心工作擬呈於左:

(一)人事亦略爲調整——

職所人手不敷擬請增添技術員二人事務員一人各員所司職責亦擬略加調整

(二)續求技術方面之改良——

21-1

①新法焊製引信藥包盒之實施

②引信底火藥包以及一切與藥有關諸件實行澈底之事前加烘與事後防潮手續

③六公分避彈印字工具之完成

④裝配工作之進行務求其程序化并力求各道工作確實以具作之方法嚴加攷核入各道工作物之傳遞亦使其迅速方便更擬於可能範圍內設計逐步添置搬運練攻以機力傳遞以節時力而增工作效率

⑤廢物利用之研究

⑥手工工作儘可能代以機力

022

⑦.籌備造炮弹裝配工作

⑧.試驗六公分炮弹以美砲射表能否合於美製射表

（三）各種工作地点之合理調整

（四）設備方面之增添

①.添鑄機四具（自行設計製造中）

②.新法焊製引信盒用鉄皮軋機一具（工程師室絵图請製中）

③.炮弹印字機一具（絵图請製中）

④.四联装鼓風小火炉一套（焊製工作用）

⑤.大石填射兵場鋼板靶之修建

⑥.添置造炮弹所用之廠房及機具

兵工署第十工厂成品库一九四四年度工作进度暨一九四五年度中心工作计划报告书（一九四四年十二月二十二日）

0065

成品庫三十三年度工作進度暨三十四年度中心工作計劃報告書

查本庫年來對於成品收發保管一切業務尚能順利推進所有解繳押運事項雖感以運輸上之困難幸已安全運繳尚無隕越謹將本年度工作情形及明年度中心工作各項分陳於後：

（一）廢砲彈之整理：

查庫存廢砲彈數批曾經一度清理完竣嗣以年來時有各軍械總分庫陸續送來各種口徑或拆修及利用之廢砲彈一批送經工務處分別鑑定呈奉 署令以不堪使用者除留樣作為參攷餘均悉數撥交廢品整理工廠利用外並

已函廢整廠派員來廠具領尚未領訖再歷年拆卸及他處撥交利用之各種口徑銅殼亦會同廢品整理委員會呈奉署令核准自行溶鑄全數經已送交材料庫轉送溶銅部溶銅矣

（二）庫儲之整理：

查本庫接到各所繳庫之成品仍以隨到隨繳為原則但以各製造所廠方狹小地位有限每遇製成成品後即填單繳庫本庫以被免空襲及辦理解繳手續稍須時日起見計不得不預先轉進洞庫以策安全事先必須整理庫儲始能轉進惟本庫原有之洞庫一段容納有限經由

0067

工務處撥交二、八所之間洞庫一段尚可存儲砲彈七八萬之譜其間因潮濕甚重天雨時常積水成池經由土木科整理水溝又經第九所隔板與二、八所間斷始可存儲本廠年來出品稍與上年增多所有六公分迫砲及彈蘇式三七砲彈擦槍器具信號彈分存上項洞庫外餘如藥包及雷管尤須隔離仍須商借材料庫洞庫分存以重保管

（三）成品收發情況：

茲將一年來本廠奉令飭造及代各廠製造成品收發數量列表附陳（附表）

0068

三十四年度中心工作計劃

查本庫純係成品保管與解繳為主今就業務現狀而言尚有改革與加强各點分陳如左：

（一）加强庫儲與保管：

本年所有成品仍循上年例適到適繳為原則查去歲成品免可存儲本年度成品似必較上年度增多種類性質亦不同儲置與保管更感困難本庫庫房僅有洞庫兩叚且面積狹小潮濕亦重至葯色雷管等尚須與砲彈隔離另放否則易遭危險是以急需添建庫房以便存儲而利保管

0069

0070

（二）加强運輸工具：

去歲解繳成品以各接收部份地址分散有用車輛輸送者有用船隻載運者陸地運輸雖以道路崎嶇間或汽車發生障礙以行駛迅捷往返尚便並不感多大困難而遇水道運輸則不然緣本廠板船係以人力載運成品行駛長江以水流過急易遭意外且速度甚慢需日亦長影響解繳工作甚鉅又今年以成品增多運輸更繁致困難之處不言而喻茲為預先謀求運輸便利及安全計急須加強運輸工具以策安全

成品庫三十三年度收發成品數量表

飭造或託造機關	飭造令或託造文字號	品名	數量	單位	已否完成解繳	備考
兵工署	加字1282號	八號雷管	204,000	枚	上年解繳150,000枚 本年解繳54,000枚	
〃	代字571號	信號彈殼	110,000	個	本年已撥交46,700個	餘在陸續製造
〃	額字963號	信號槍彈	60,000	顆	已完成解繳	
〃	加字1302號	榛槍器具	50,000	套	上年解繳47,000套 本年解繳3,000套	
〃	額字1074號	六公分迫擊砲彈	20,000	顆	已完成解繳	
〃	額字1097號	六公分迫擊砲	300	門	已完成解繳	
〃	〃 〃	六公分迫擊砲彈	40,000	顆	已完成解繳	
〃	額字1112號	六公分迫擊砲	100	門	已完成解繳	
〃	〃 〃	六公分迫擊砲彈	30,000	顆	已完成解繳	
〃	額字1131號	蘇羅通三七公分榴彈	30,000	顆	上年解繳25,000顆 本年解繳5,000顆	
〃	額字1208號	榛槍器具	24,000	套	已完成解繳	
〃	加字1352號	掉具掉藥柱	50	個	已完成撥交	
第一工廠	渝工造221號	蘇式三七破甲彈底引信	100	枚	已完成撥交	
兵工署	額字1211號	蘇羅通三七破甲彈	22,300	顆	已完成解繳20,000顆	餘在陸續製造中
應用化學研究所	瀘造714號	信號彈底火	120,000	只	已完成撥交80,000只	
兵工署	額字1233號	蘇羅通三七破甲彈	21,500	顆	已完成解繳15,000顆	餘在陸續製造中
〃	加字1356號	蘇羅通二公分曳光榴彈剖面模型	1	件	已完成撥交	
〃	〃 〃	蘇羅通二公分破甲彈剖面模型	1	〃	已完成撥交	
〃	〃 〃	三七榴彈剖面模型	1	〃	已完成撥交	
〃	〃 〃	三七曳光彈剖面模型	1	〃	已完成撥交	
〃	〃 〃	三七破甲彈剖面模型	1	〃	已完成撥交	
〃	額字1260號	六公分迫擊砲	100	門	已完成解繳	
〃	〃 〃	六公分迫擊砲彈	20,000	顆	已完成解繳	
彈道研究所	渝彈(33)297號	三七火帽座	500	枚	已完成撥交	
第五十工廠	廠造939號	第一式火帽	5,000	枚	已完成撥交	
砲四五團二營五連	渝函133號	西門子十門總機	1	部	已修理完成撥交	
兵工署	加字1366號	元形藥包	60,000	個	已完成解繳	
〃	額字1281號	六公分迫擊砲	100	門	已完成解繳	
〃	〃 〃	六公分迫擊砲彈	20,000	顆	已完成解繳	
順昌鐵工廠	6452號	外徑樣板	120	塊	已撥交36塊	餘在陸續製造中
〃	6583號	皮棍心子及殼子	2,000	套	已完成撥交	
〃	6782號	(80×4×1)鋒鋼銑刀	6	把	已完成撥交	
〃	6582號	皮棍心子及殼子樣板	2	套	已完成撥交	
兵工署	代字904號	八號雷管	500	枚	已完成撥交	

0070

兵工署	代字904號	元形藥包	100	枚	已完成撥交	
〃	〃 〃	方形藥包	100	枚	已完成撥交	
〃	〃 〃	特出兒元形藥包	50	枚	已完成撥交	
〃	〃 〃	特出兒方形藥包	50	枚	已完成撥交	
〃	代字905號	元形藥柱	2800	個	已完成撥交	
〃	〃 〃	有孔藥柱	110	個	已完成撥交	
〃	〃 〃	八號雷管	1,000	個	已完成撥交	
〃	額字1300號	竹板爆破器	5	具	已完成撥交	
〃	額字1305號	六公分迫擊砲	100	門	已完成解繳	
〃	〃 〃	六公分迫擊砲彈	20,000	顆	已完成解繳	
〃	額字1327號	六公分迫擊砲彈	20,000	顆	已完成解繳	
第三十工廠	渝卅營12319號	有孔藥柱	25	枚	已完成撥交	
兵工署	額字1348號	六公分迫擊砲彈	20,000	顆	已完成解繳	
〃	〃 〃	擦槍器具	8,000	套	已完成解繳3,200套	餘在陸續製造
〃	額字1370號	六公分迫擊砲彈	20,000	顆	已完成解繳	
〃	代字943號	八號雷管	2,500	個	已完成撥交	
〃	加字1378號	37砲用半裝藥填沙彈	100	發	已完成撥交	
〃	〃 〃	37砲用强裝藥填沙彈	100	發	已完成撥交	
〃	〃 〃	37砲用正裝藥填沙彈	500	發	已完成撥交	
〃	額字1397號	六公分迫擊砲彈	40,000	顆	已完成解繳	
製造司	渝製(32)丙1096	(M2×4)駐螺	41,870	只	已完成撥交	
〃	〃 〃	(M2×3.6)駐螺	40,418	只	已完成撥交	
彈道研究所	渝譚33823號	雷管	400	枚	已完成撥交	
兵工署	額字1395號	三七平射砲空包彈	1,000	顆	已完成撥交	
第二十五工廠	工營22161號	修焊53加侖鐵桶	20	只	已完成撥交	
兵工署	額字1420號	六公分迫擊砲彈	17,500	顆	已完成解繳	
〃	〃 〃	六公分迫砲填沙彈	13,500	顆	已完成解繳7000顆	餘在陸續製造
〃	額字1450號	六公分迫擊砲彈	30,000	顆	已完成解繳	
第二十五工廠	工營1513號	六號雷管	50,000	個	已完成撥交	

33年12月22日 製成品庫

0071

工程師室三十三年度工作進度報告

呈

閲

職陳心元呈 卅三、十二、廿三

工程師室卅三度工作進度報告

関於例行工作者

一、行政管理方面　為便於隨時清查統計及交接清楚計，自去冬開始分別將本室財物登立賬目，迄今大致完成。按照財物性質分別賬簿為兩類：

不消耗品賬　係儀器等屬之，凡一百四十一種。

消耗品賬　文具紙張等屬之，凡八十二種。根據此項賬目可隨時按照用途或用户分別統計使用數量及現有存量。

二、製圖　除打印參攷資料及表格外，本年度共繪

成底圖四百七十張（截至廿三日止）其內容如左

机器圖樣　總部者四種廿七張　局部者廿一種　五十三張

夾具及設備圖樣　十八種　卅四張

冲具圖樣　五十六種　七十八張

工具圖樣　七四種　七十六張

量具及樣板圖樣　四十七種　四十七張

傢俱圖樣樣　五種五張

砲件圖樣　九十一張

彈件圖樣　十六張

擦槍器圖樣　三種十七張

其他圖樣　三十八張

關於中心工作者

一、整理圖表　本室現有底圖四七八一張（截至廿三日止）已整理編入卡片者二千五百張　完成百分之五十

二、搜集參考資料　約集五十張

三、砲與彈本身圖樣之重繪　已完成六十張　約為全部三分之一

四、夾具之改進　已完成十八種

五、工作程序之編訂　未開始

六、關於實施估計工時之準備者　研究準備工作大致完成不日開始實驗

81

七、人員之補充　自秋季以後陸續增進技術員六人另招

訓藝徒四人

八、擴充辦公地點　新建辦公室已於十一月動工約可容四十人

九、添置設備　原向美國訂購儀器廿四套迄未運到今

秋收購半新儀器九套以應用

兵工署第十工厂工程师室一九四五年度中心工作计划（一九四四年十二月二十三日）

呈

核

職陳心元（印）謹擬 卅三、十二、廿三

工程師室卅四年度中心工作計劃

1

010

工程師室卅四年度中心工作計劃

一、上年度中心工作應繼續完成或更加擴充者

整理圖表　新辦公室落成後收藏圖書已有正式地點擬俟圖表整理完畢後進而將所有書籍及機器樣本說明書等澈底加以整理以期保管妥實而便於檢尋

搜集參考資料　仍繼續進行

砲與彈本身圖樣之重繪　本年完成之

夾具之改進　仍繼續進行

工作程序之編訂　仍擬進行

10-1

關於實施估計工時之準備者　上年度中心工作中其意義比較重大者厥為此端，惟於初步準備工作完成後便因人事調動遂形擱淺，此後繼續設法進行固無疑義，不過按照過去本室工作情形而論，殆不可能，蓋所有支配工作、設計底稿、審核圖樣以及一切對外事宜已感應付不暇，更不能向埋頭腦考究及此，倘本年度能將上述工作另由他人主持，則職可專心研究此項問題，循序漸進，或可省去再從頭做起之弊，因職一向俱參與此項工作也。

人員之補充　上年度本室技術員人數增加六人之多

已而始料所不及。不過對於設計有豐富經驗而能領導一部分人員之作者尚感不敷，今年延攬人才，當以此等人爲主，要使此項各級人才搭配得當，則工作效率必可改進。至於上年度招訓藝徒四人，經過技用訓練，雖進步程度或有不齊，然成績則頗有可觀，描圖抄錄工作因此解決，希望每年陸續招訓，以免青黄不接。此外因各項賬目圖表經過整理之後，經常登記保管手續比以前繁重，原有事務員一人勢難應付，如有適當人選，擬添用一人。

設備之補充

由美國新購儀器仍屬需要，希望早日

11-1

提運到廠新办公室内应用傢俱並向廠外订購數種並領料遷居之初零星修配工作必不少希望第九所能力略予擴充俾隨时可以代为添置此外房屋擴充後原有吊扇一具已不敷应用擬請添購兩具

二、本年度中心工作

測繪本廠精美机器圖樣 俾使本年度不添新出品而本室人手搭配健全时則除上開各项工作外或可稍有餘力從事測绘本廠现有工具机擬選定若干種設計精美而可能拆卸以供測绘者绘製其詳细圖樣並記義约首兩端

一、根据一面经验，凡对于机器之构造及使用方法不能认识清楚者，不但不能求其使用经济合理，且易于招致损失与危险，尤其常有机器之比较新颖，若无详细构造图样，一时殊难摸清，对于新进人员亦无法训练，但使制成此项图样后，便可作为训练资料，使其先将机器之要点认识清楚后，再担任正式工作，必可减去不少损失。

二、欲求设计妥当，必先有实际经验为之基础，否则尺寸大小与构造繁简之间将不知如何判断，倘使本室人员每人都曾画过究部精美机器之

12-1

则设计时再不致除理论而外便受所适从更可推陈出新增长智慧识解如此则工厂与本室人员调换工作亦可不无有所顾虑

檢驗課三十三年度工作報告

第一章 緒言

查檢驗工作，種類複雜，內容瑣粹，工作程序必須周詳，每道工作必須細心準確，更須配合製造方面，安排工作方式，藉以指摘製造上之缺點，以期出品之改良，要旨在乎其指導有方，管理合法而已。自三十二年度下半年本廠主要出品改為六公分迫擊砲及迫擊砲彈以來，以前襲用之檢驗方式，早已不適用，工作之管理，亦應隨之改變，尤以此兩項出品，因試造經驗尚淺，出品久未上軌道，所以對於檢驗，更多困難，直至三十二年底，才大致稍有頭緒。不料一經正式大量製造，旋又發生驗收出品之困難，例如迫砲彈之近彈問題及迫擊砲之零件、備件等之製造不能依期裝成等等，皆係徒然增加檢驗工作之麻煩，所

38-1

以自三十三年度初期以來，本課之業務即隨之擴增，甚至有一部份迫擊砲驗收時之試射，亦歸本課負担之。工作人員，亦逐漸增添，廠房亦已加以擴充，藉以應付更加發展之業務焉。

茲將各項業務之發展擇其主要者，分條報告如下。

第二章 檢驗工作

一、關於六公分迫擊砲弾

截至三十三年底止，檢驗已合格之迫擊砲弾壳，約計有十六萬枚，旋因裝配完成經試射結果，就弾壳及底火药、弾尾管火孔等等，均發現有缺點，遂決定照下列加以改善。

(1) 底火药：將原日試用之卜福士及維因徹士特等底火药，悉改為美國威克托之踏底火藥0.8公分重。

(2) 彈尾管原有五公厘火眼孔四行，共八孔者，加鑽四公厘火眼孔四行，共八孔。

(3) 彈殼：爲減輕彈重而防止近彈及彈道之穩定性計，將已合格之彈殼尾部（彈帶以下之部份）外形車去一部份外皮，至彈殼重（900±30公分）爲止。對於此項彈殼，從新再加以水壓試驗，至100至100氣壓爲止。結果所驗近十萬枚之彈殼，只得約七八萬枚合格者，雖經水壓試驗合格，而於彈殼重量不合格者，約有八九千枚，則留作試射之填沙彈利用之。

一方面自三十三年度初即着手改新模鑄造彈殼，然以其初期之出品

39-1

經水壓試驗而漏水者甚多，約佔驗水壓數之三分之一，直至四五月份間起，此項漏水弹，已減至五分之一（秋期以來已減至百分之一二矣）甚至十分之一。蓋新模弹之水壓漏水者，雖已減少，反而其尾螺偏軸者，逐漸增多，至六七月以后，又漸減少至總驗數之十分之一弱。此類尾螺偏軸者，計有二三萬枚，皆留存重修後，仍可着用，除已修妥外，現已積存不多矣。

新鑄模之迫击砲弹壳，雖經各道樣板檢驗合格者中，其尾端外形與弹帶外形不成同心圓者，往往有之，此現象稱為「偏尾」。此類偏尾多半由於鑄模之缺點而來。自本年八月份起「偏尾」之現象漸漸增多，若加以檢驗，則有百分之二十至二十三四之廢品率，雖於發射毫無關係，僅於裝尾管後之外形上，不美觀而已，故此項檢驗，始終未加以实施。

(山)迫擊砲彈殼之水壓試驗

迫擊彈殼之水壓試驗，照署頒驗收規格，原定壓力為一百氣壓，但以實施上，因鑄造技術之經驗尚淺之關係，自三十二年度起，即改為八十至一百氣壓為止。

於水壓試驗時，原日之試驗方法，係將彈口向上，由水壓機，加以水壓力者，因嫌其尾螺部份之漏水情形，因居下面不易辨明，乃將水壓機，加以改造，將彈殼口伏於水之進口(由下面加水壓)，水力由彈口向上增加，至八十乃至一百氣壓為止，則尾螺之漏水與否，可一目瞭然，此乃對於水壓試驗方法加以改良之一。

凡經水壓試驗之彈殼，其彈帶部份，最易生銹，故經試驗水壓者，必以熱氣烘乾後，彈帶上，必須加以塗油，此種塗油，原日係用凡士林者，因

40-1

顧其來源不易，乃改用黄牛油。蓋於已烘熱之彈帶上塗佈，則甚可節省黄牛油之份量，而工作又頗週到，但經多久之經驗，而知得在彈殼之烘乾工作中，雖能去其一部分水分，但此種工作，反為能增加彈帶之氧化作用，反為有害，故自下半年起，乃改變方式，即於試驗水壓前，於彈帶上，先塗黄牛油，藉以防水，然後於水壓試驗後，可以省去烘乾之勞，結果十分圓滿，此乃改良之一也。

自十月份起對於翻沙廠之彈殼開箱檢驗，已開始實施，藉以統計翻沙彈殼之廢品率。

(七)六公分迫擊砲之檢驗

迫擊砲之另件，七百門至八百門份，至本年二月間，大抵已檢驗完畢。

唯以上下蓋之鑄質欠佳，合格品甚少，且有因瞄準器另件，大部缺少，所以迫擊砲未能裝成繳驗，自五月份起，始裝成首批五十門，即開始檢驗各門砲，繼而第二三批亦陸續裝成，遂於六月份間開始射擊試驗，卒於九月初，將額定之七百門（包括復驗者）悉數驗收及裝箱完畢。迫擊砲之射擊試驗，可分三種，一曰穩定試驗者，於規定各仰角之下，每門以四藥包射擊填沙彈各八發。

二曰強度試驗者，每批砲五十門中抽二門，於規定角度下，連續射擊加強藥包（五藥包）填沙彈五十發，此兩種射擊試驗，皆由本課担任之。三曰精度試驗，乃由署派員，用實彈四十發，試驗每批抽二門砲，試驗射擊精度

故上述七百門砲，僅限於晴天，且包括復驗者，雖於兩個月中完成

41-1

驗收工作可謂已盡最大努力矣。查此七百砲附，一因經驗尚淺，對於上下蓋之質料，發現缺點最多，經試射不合，而改換新件者，必須復驗，但決定上下蓋，由鋁質改為黃銅質後，始能減少復驗之數矣。此所謂上下蓋之缺點，除已經過工作檢驗合格外，一旦附之射擊，即於其外形彎度有變遷，或其厚薄之過度地點，即可能發生龜裂之紋甚至部分的折斷等等。但由鋁質改黃銅質後，更加嚴厲施以檢驗後，已能逐漸減少此種缺點矣。

方向架因其形狀較複雜，鑄成品多含沙眼，而廢品率較高，一經初步檢驗合格，再加工者，大致不合格品較少，惟於裝成之後，會同砲筒，及瞄準器之檢驗時，則發現不少其聯合組成之錯誤，但此類錯誤頗微妙，不易檢驗而分析之。

底板各鋼筋之點焊，均未發現缺點，僅於七百餘門中，只一次發現有一塊，經強度試驗時，底板之四面部，發生破裂之紋，恐係加壓時受傷者也。所有底板每批砲，均於射擊前後，仔細檢驗其尺寸但未發現有變形者也。

撞針與砲底

撞針與砲底，雖經樣板檢驗合格者，復經淬火後，裝配組成，即發現兩者不能配合者頗多，分析其因，不外係起因於淬火工作，或撞針本身有微小之彎曲，或砲底，內孔有一部份尖孔（即撞針尖孔）縮小，或彎曲，或砲底之後螺紋不潔，或螺紋變形等等。欲除却此缺

42-1

矣，非將淬火工作，加以改善不可，撞針與砲底，本應互相能調換，但由此條件檢驗之，則適合於互換之撞針較少。

上下蓋之小油壺

上下蓋之小油壺，經射击試驗後脫落者不少，乃後將其裝成後加釘以小鉚釘後，已無此缺點矣。

砲筒

砲筒本身工作已完成後，除各尺寸外尤以內面工作及內徑之檢驗，至為周密，每批半成品之檢驗，退修之廢品率，大抵有百分之三十五至十五不等，察其原因，多由工作不小心，及刀具之不經意也。但內徑雖略稍過規定公差範圍，而認為於射击精度及於危險無妨者，均已予通融，作為合格品而用之。

砲之備件及皮件

所有備附件及皮件等，本年初期皆由裝砲部份自行驗收採用者，自七月底開始裝箱檢驗時陸續發現缺點頗多，不能通過署方驗收員之檢查者。經此苦經驗後，該項檢驗乃歸本課擔任，而本課照署方所頒佈暫行驗收規格辦理。但仍嫌其規格廣泛，多難適用，而本課執行檢驗時因鑑於需要上之條件，及實際裝造上及材料來源之困難等等，儘量加以仔細考慮，原則上於實用上無甚妨礙為目標，就其應注意各點，詳細加以檢驗，以達成戰時生產之目的而已。

裝箱檢驗

砲之成品裝箱時，均由本課派員根據各裝箱清單，就各零件逐一予以實驗，如有不合格品，則立即予以更換，或加以修改後，始由署派檢驗員再予以抽查。合格者，即由署派員於成品箱上加蓋

43-1

驗訖之單後，始准予釘封繳庫。

第三章 關於檢驗規格

關於本廠出品，署方已頒布有驗收規格者，只限於蘇洛通式二公分及三七公分曳光榴彈與破甲彈，以及六公分迫擊砲與迫擊砲彈而已。其實本廠出品種類，亦不止於此，所以向無署頒驗收規格者，均由本課與署派員洽商，互相默認之約束（但無明文規定），而執行驗收，以迄於今。惟查於驗收規格上未詳規定之各項零件，常有檢驗上之問題，茲為便於工作計，本年秋起，始由本課草擬右述各主要另件之檢驗規格，正在審查及修改中，俟奉准后，當付諸實施。

第四章 關於樣板

本課業務，自本年度起，雖已比舊發展一倍，以上之範圍，惟所有檢驗用之樣板及量具，亦不見增添甚多，祇限於迫彈殼用之

044

樣板，因產量較多，廢品率稍大之故，耗損數略多，早經隨時補充換新。或添增不少。至若其他樣板，亦照一向習慣，除規定每期查驗外，亦常於不定時，予以查驗其耗限尺寸，但消耗數量極少。

第五章 迫擊砲彈殼檢驗旬報表

六公分迫擊砲彈殼之生產量，佔本廠出品數量之最大宗數目，最可能影響本廠之經濟狀況，換言之，其生產之廢品率，與本廠製造成本，關係最密切，而此廢品率，多由於鑄造及加工之技術問題。茲為改善技術上之困難，及藉以標榜製造上一部份成本因素起見，將迫彈殼之檢驗結果，依其各道工作之檢驗，并按日登記，就各種廢品名稱種類，一一分析彙集之廢品率，每十日統計一次，造成

44-1

旬報表，送交作業課查核，以資展望製造技術之參考，此項旬報表，奉 諭自本年十月份起，開始試辦呈報，而所有資料乃根據每日之檢驗單，由本課登記及統計核算當試辦以來，成績歷歷，唯於表格方式，尚多缺點，亟待修改，至盼來日必有改善之法也。

第六章 檢討

本課自民國二十九年十二月十五日，正式開始業務以來，年資雖淺，經各所同仁之協助，及本課同仁之努力，實施出品之嚴格檢驗制度，尚能追隨日漸發展之業務，實足以自慰者也。蓋正式開始業務當初，曾經考選及訓練完成之檢驗工，總數僅三十餘人，所涉及之檢驗，只限於蘇洛通式二公分曳光榴彈一種，每月僅二萬發，續而添增歐利根式二公分榴彈，同式曳光榴彈，再而蘇洛通式三·七公分榴彈，及破甲彈，手槍信號彈等等，其間工人人數，亦漸增添至六十餘人。惟自去年開始製造六公分迫击砲及迫击砲彈以來，三·七公分破甲彈及手槍信号彈，仍未放棄，故檢驗工作，更加煩忙，檢驗方式亦多，須改變，工人及樣板，一時未及補充，故自今年七月份起，工人人數已逐漸增至八十五人。惟其中老練工人，僅佔全數四分之一，而大部份工人，皆因新補充，而檢驗技術，尚未成熟，故如遇出品擁擠之時，仍不免有手忙足亂之嫌。例如自去歲末至本年初春，所有驗得已合格之迫彈壳，因解決其近彈問題，不得不將所有

45-1

碰弹壳、從新車外皮後、復驗其重量、偏軸、水壓試驗等等。此類重複工作，实在限於短时内完成，異常迫促。加之送驗品之數量每日二三千弹，反而工作廠房狭小，盛器又缺乏而週轉不靈，那時的確苦頭最甚，一連一二月以夜继日加緊趕工，遂於本年三月初始得陸續繳送迫弹之出品。回首當時，確係全課員工埋頭苦幹努力生產，確為本課自開设以來，最緊張之時期矣。要之當時人手雖缺，地雖狭小，工作雖甚迫促，幸得指導得法，全課員工尚得合作之故耳。

蓋本廠之出品，因材料工具之準備，及製造工作之技術上，困難重重，一向不甚順利，乃致半成品，常常不能按時送驗，結果遂迫得本課工作，亦不能照予定安排，甚至迫近今限之期，送驗品異常擁擠，此乃應付出品，本課最感困難之一点，假若各所平日先准備有轉手之半成品，則可解決此問題。如欲出品之轉手數目增加多，必須裁少廢品及增加製造能力才可。回顧今年下半年以來，最大量生產之迫彈，不但去年之舊欠品早已肅清，反而增多生產量者，其実多賴於下半年以來迫彈殼鑄造及加工之技術已大有進步之故，所以今已屆年底之際，不但各所製造之送驗品已近尾聲，而本課之工作，亦不太煩忙，反而早已着手檢驗明年份轉手之送驗品矣。

本課之工作方式，雖係用人手，因限於設備關係，只能增設樣板量具，及添加人手，自當能應付更加增大之出品數量，毫無問題，況且因鑑於地積狹小，不敷應付出品計，自今年六月份起，在第二所前，分設一座5.7×40公尺水壓檢驗室，專司迫彈売之水壓試驗外，継而十月間，又完成一座二樓建築之10×24公尺檢驗課廠房工作場所，因而大加擴充工作，及管理頗為順利。自後業務雖再發展，當可無問題，所嫌者，至今仍未能達到機械化式之目的而已。若欲實施機械化式之檢驗工作，則所有廠房構造，及各種設備，必須重新佈置，惟於此戰時，物質缺乏之際，恐非一時易以實現之理想也。

第七章 明年之中心工作計劃

按照明年上半年主要出品計有

041

(一)六公分迫击砲每月一百五十門

(二)六公分迫击砲彈每月三萬發

(三)三、七公分破甲彈每月一萬發

(四)信號彈 每月伍仟發

(五)擲槍器具 每月二仟套

(六)超迫砲 每月一百門

(七)超迫砲彈 每月一萬發

足見出品種類及數量仍不少，檢驗方式，及工作管理方法，仍須加以考慮，

況其超迫砲及超迫砲彈，均屬新出品，待其檢驗樣及量具等決定之後，

其檢驗方式，均須隨機應變，從新規定。

47-1

為應付上項出品計劃起見，除此兩項新出品外，對於其他出品，所需之檢驗樣板及量具等，刻已積極進行添造。至於新添之檢驗工人訓練事宜，亦須重行計劃。茲將明年中心工作之要点，分述如下：

(一)人事方面。本課原有技術員八員，中之一員，因升學而去職後，遺缺至今未補充，明年對於出品之檢驗，更為煩雜，除須補上述遺缺外，仍須再添一技術員，以实現詳实之分工合作。

(二)訓練新工人。本課工人現下雖有八十四名，其中四分之三，僅屬新招添者，況且自本年秋，從軍風行以來，陸續請求解僱者，已有八九名，若欲應付明年工作計劃，明年尚須招添工人至九十五六名為度，而對於訓練方面，除一般檢驗工作外，特殊之檢驗工作，例如：驗砲管，驗砲之裝配試射等等仍須格外留意。

（三）樣板及量具

本課存用之檢驗樣板，及量具，雖於平日已悉心予以查驗，積極加以修繕，但因忙於工作中，一經襲用，雖其耗損超過一定公差時，用之不能，棄之又可惜。本課為撙節工料計，特將該項廢件，設法改為同類之較大較小尺寸，於另一公差範圍內加以利用，以符物儘其用之本旨，此種工作，本年內更須積極進行。

檢驗砲管內徑之量具，本廠備用者，祇一具，製造與檢驗兩方面共用之。往往因時間衝突，雙方均感不便，亟待添置一具。惟因市面無現貨可購，美國貨又無從購到，於可能範圍內，本課擬自試行設

48-1

計。同樣驗砲之密位量具（即象限儀），亦僅一具，擬設法添置一具。又驗迎擊砲管與瞄準器兩軸平行之量具，亦亟待設計。

驗迎擊砲方向架各軸線，尚缺少標準的瞄準具一件，該項量具，亦亟待設計。

（四）檢驗方針

關於各項製品之檢驗，有些零件，因缺少適當材料，及以臨時國產材料製成者，照一向之經驗，可知其廢品率較高，徒然增加產生產力之阻礙。故對於此類製品，本課平素已以減少廢品為工作方針，實施檢驗，施行以來，成效不少。

本課明年度，亦擬定三項辦法如下：

040

(a)在不妨碍装配、

(b)在不妨碍另件本身作用。

(c)在不妨碍外观

等範圍以内，於使用公差無多大抵觸之範圍以内，儘量减少

廢品，以期增加生產力量。

在另一方面，則希望製品各尺寸之檢驗公差，仍須設法，畧為

放鬆，以期减少製造方面之困難也。

楊某某 謹呈

兵工署第十工厂工务处第一所一九四四年度工作报告（一九四四年十二月二十三日）

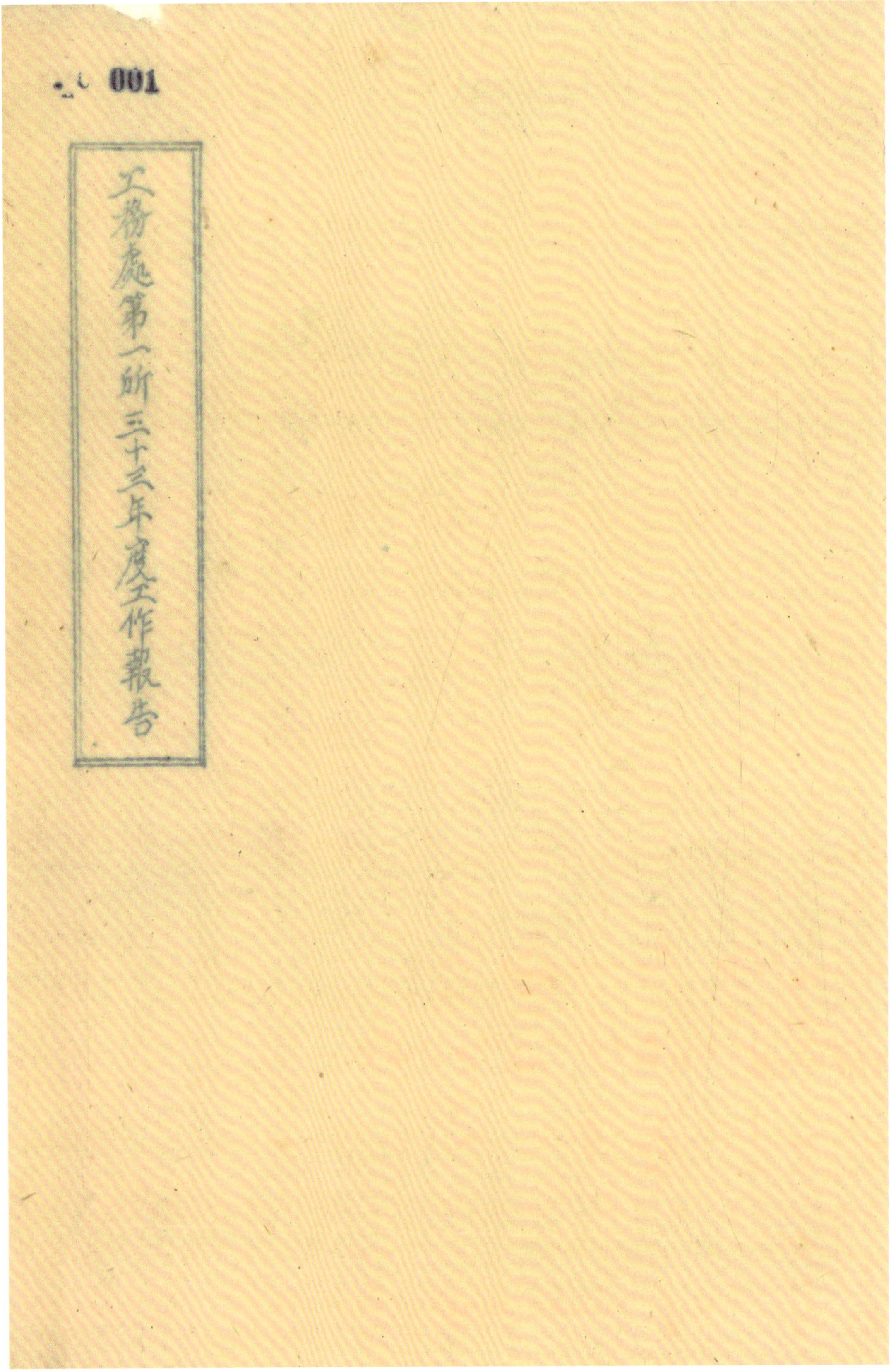
001
工務處第一所三十三年度工作報告

本年內工作進度

(一)克服工作困難經過

本所本年度以限於工作令故三七蘇式銅壳僅製造六萬發迄至五月間就告完成六公分迫擊砲彈以鑄工方面獲得順利進行由每月核造二萬發驟增至四五萬發後本所在六月間已將三七蘇式銅壳製造機全部停止工作所有三七機方面之工友轉移充實小沖床工作一部份平時不力者逐漸淘汰乃全所工友減至五十餘名但小沖床當時僅有十一部其最高能力僅能製造六公分迫彈三萬發零件又以引信及底火零件道數最多而數量又繁加之友廠供給原料（銅皮）欠佳致產量之廢品率增高如驗收時較嚴格勢必退貨則原料有脫節之虞恐有誤全廠產

三三、一二、二三、

2-1

品也在此出品第一声中節省原料為最故在熱處理工作及工具上設法改良使其廢品率略予減低但經研究試驗後効率甚微時值各所出品直追迫於九月起小冲床部開始每日加工三小時並同時將小冲床一部引伸工作改裝在二八公分引伸機上替代之始於十一月底達到各種出品預算矣

（二）改良製造三七銅殼絞毛口工作

製造三七蘇式銅殼各道工具均已上正軌驗至於絞毛口一道工作過去需派小工三四人用絞刀以手力去其毛口每日每人僅能完成四五百枚銅完此種辦法既費人力工作効率又低經將絞刀裝置在三七光口機上試驗其結果確能減少人力而工作効率又高漲竟達每日每人由四五百枚激增至四五千枚故今後製造三七銅殼時可減省人力十倍矣

003

(三)更改手槍信號彈銅殼工具

冲盂

在初試時以退料桿不易將銅盂打出故將頂料桿之3m/m凸之部磨去後再行復試始獲良好結果因此冲頭之端部5m/m深圓凹亦省去冲模52.6Ø圓經處進料時不易滑入故圓經之边改為1.5r圓勢

一次引伸與二次引伸

此二道工作一面引長一面銅殼底成半圓形使一次壓底時易壓成圓凹故原來冲頭不能合用乃一次引伸冲頭改用蘇式二公分三次引伸冲頭二次引伸冲頭改用蘇式二公分四次引伸冲頭

一次壓底

3-1

此道工具依照原圖尺寸試冲銅壳底圓凹欠足以致二次壓底過時亦隨之不能壓出故將尺寸略事更改尚稱合用

三次引伸

此道工具以一次壓底銅壳底圓凹加深故在本道工作之工具亦須隨之更動除冲頭尺寸更改外餘均如舊

二次壓底

冲頭經初試時極易把住銅壳並冲頭端部火台圓孔欠深故在冲頭端部10m/m處改為23.2m/m火台圓凹由4m/m改為4.2m/m中部25.8m/m改為24.8m/m此段之長度由69.5m/m改至80m/m原為52.5m/m改短為20m/m始將上項困難克服又陰模勒管之壓力頗大勒管極易漲大故將陰模內經26m/m改為29.5m/m勒管外經由25.9m/m改至29.4m/m小冲

子受壓力後不易漲大故其外經亦由5.48m/m改為5.44m/m
陽模所受壓力與陰模動作相彷初試時以銅餅厚薄不勻壓底邊
時頗受損失薄者底邊壓不足厚者滿溢陽模26m/m93之口經處甚至陽模破
裂故將26m/m23改為26m/m2

三次壓底

此道工具並無更改之處最宜注意者小心子尖端易斷如淬火硬度在
Rockwell 55°-57°時則每只能冲貳仟至叁仟枚
小冲子3m/m2圓凹極易漲大經試驗淬火硬度能在Rockwell 54°-55°時
較為良好

以上各點均已通知工程師室更改底圖矣（附註）

4-1

（四）廢物利用

本所承製八二公分迫擊砲彈彈尾翼以來其廢料有五種可以利用其製造如下

（1）廢鉄皮可製本廠半成品箱已製成者達五百五拾只並已由二所領用較之原用木板箱及籮筐堅固耐用

（2）尾片之腰圓廢塊可製成鞋釘本所經試中後雖無怕來品美麗但可實用各同仁向本所索取者頗不乏人後以出品追加工作緊張始告停止試造

（3）尾翼改為新式後其腰圓廢料改為圓片可利用製成為鉄鈕扣現工具正在設計中

005

(4)六公分迫彈引信上之接力帽經檢驗課剔下不及格品可改作皮鞋圈

(5)各種廢銅皮廢鋼皮在05mm厚者可製各號大小圖畫釘經試中後尚可使用惟須再進一步研究

006

三十三年第壹所工料数量表

工作令	尺寸	工料名称	单位	月份 1	2	3	4	5	6	7	8	9	10	11	12	合计数量	备考
A12-3100	3.7CM	铜饼	Kg	35000													
A5-13220	[illegible]	黑铁皮	×	3650													
A13-×	×	×	×		7300				7200		6900	6650					
A14-×	×	×	×									6600					
A15-×	×	×	×										3350	8525			
A17-×	×	×	×											3650			
A9-12230	×	×	×					77									
A5-13931	0.25m/m	马口铁皮	×		36												
×-13932	×	×	×		30												

6-1

A13-x	x	x	x					417	37	615							
A14-13951	0.45m/m	x	x									3035					
A15-x	x	x	x										185				
x-13941	x	x	x											58119			
A12-3260	0.35m/m	黄铜皮	x	1522	2215												
A13-13750	0.45m/m	x	x					501									
A14-x	x	x	x									269					
A15-x	x	x	x										901				
A17-x	x	x	x											444			
A2-11	x	x	x											5			

007

工作令	尺寸	原料名稱	單位	月份 1	2	3	4	5	6	7	8	9	10	11	12	合計數量	備考
A13-13750	0.5m/m	黄銅皮	Kg			77.5											
A15-×	×	×	×										15.8				
A13-12420	×	×	×					50									
×-12580	×	×	×					50									
A9-12480	×	×	×						51								
×-12450	×	×	×						25.8								
×-14860	×	×	×										1				
A16-×	×	×	×										0.5				
A18-4340	×	×	×											13			

7-1

A5-13510	0.7 m/m	x	x		700												
A12-x	x	x	x		1000												
A13-x	x	x	x				618			992							
A14-x	x	x	x							1188	1044						
A15-x	x	x	x									258	1881.5	1998			
A17-x	x	x	x											581			
A2-12	x	x	x											25			
A14-13520	0.7 m/m	x	x								330	200					
A15-x	x	x	x									42		213			
A17-x	x	x	x											80			

008

工作令	尺寸	原料名稱	單位	月份 1	2	3	4	5	6	7	8	9	10	11	12	合計數量	備考
A7-14310	1 m/m	黄鉄皮	Kg							0.5							
A14-13510	×	×	×									95.5					
A15-×	×	×	×									213	20				
A9-14851	×	×	×										14.7				
A16-×	×	×	×										20				
1N(33)-27	135 m/m	×	×		51.4												
A9-14791	1.8 m/m	×	×											25			
A16-×	×	×	×											14.7	5.5		
A9-14701	×	×	×											209			

8-1

A16-×	×	×	×											100			
A9-14821	×	×	×											75.5	103.5		
A16-×	×	×	×												6.6		
A12-2720	00 m/m	紫铜皮	×	6.4													
X-2730	×	×	×	5													
A13-13620	×	×	×					8.9									
A14-×	×	×	×											82			
A15-×	×	×	×											5.6			
A17-×	×	×	×												2.6		
A12-13610	0.05 m/m	×	×		100												

009

工作令	尺寸	原料名稱	單位	月份 1	2	3	4	5	6	7	8	9	10	11	12	合計數量	備考
A13-13460	0.25 m/m	紫銅皮	Kg							1415							
A14-×	×	×	×								125	25.4					
A15-×	×	×	×									50.4	40.5	7.4			
A17-×	×	×	×											9.4			
A12-4460	0.3 m/m	×	×										147				
B7-181	0.5 m/m	不銹鋼皮	×		398	342		1464			995	646					
A5-13970	×	×	×						1005								
A13-×	×	×	×						916.5								
A14-×	×	×	×								315	109					

9-1

A/15-×	×	×	×									334		375			
A/17-×	×	×	×											326			
B7-×	×	×	×								5695						
B7-116A	×	×	×								555			1035			
×-117A	×	×	×								1605	76		905			
×-118A	×	×	×											32			
1M(33)-51	3/20	鋼筋	×				121	75	945								
×-79	×	×	×						334	1011	3784						
×-84	×	×	×								93	1400					
2E(33)-2	×	×	×										105				

010

工作令	尺寸	原料名称	单位	1	2	3	4	5	6	7	8	9	10	11	12	合计数量	备考
A12-2510	[illegible]	铅皮	Kg		10												
×-2520	×	×	×		106												
3日(33)-11	5/8"	洋钉	×										1				
×	1"	×	×										3				
3日(33)-9	×	×	×								3						
A7-10690	[illegible]	低炭钢	×			2023											
A9-×	×	×	×				90										
A7-14080		弹黄片料								[illegible]	3945						
A9-3320	10m/m	纯紫铜板	×		108	3834	385										

101

A12-3321	4m/m	紫銅板									[illegible]	5800					
B7-185		碎鞏炭			5⁰	51											
A9-11060	[illegible]	鋼板							378								
A12-2530 -3040		白銅	尺	½													A12-3740
A12-3040		×	×		½												
A12-4360	1m/m	紙纖板	時2	10²	2⁰⁴												
A13-13850			×						8								
A18-4360	×	×	×											10²			
A18-4350	15m/m	軟木紙	張											15			

011

三十五年第壹所實用間料數量表

間料名稱	單位	月份 1	2	3	4	5	6	7	8	9	10	11	12	合計實用數量
煤油	加侖	4	3	6	4	4	4	2	3	6	6	6		
紅車油	〃	16	10	6	6	6.5	3	0.5						
轉機油	〃	1	0.5	1.2	0.5	0.8	0.5	2.5	4	5	7	5		
菜油	公斤	4	33.6	20	24.5	21	10	14	12.3	28	48	54		
純碱	〃	125	30	20	50	70	100	45	105	50	75	70		
硫酸	〃	360	315	225	225	180	180	180	90	135	180	180		
肥皂油	〃	104	77	38	70	80	28	34	105	42	108	55		
黄牛油	〃	4	2	4	2	1	2	2	1	2	2	2		

11-1

凡士林	〃	1	1	1	.5	.5	.5	.5	.5	.5	.5	.5
線紗頭	〃	10	15	27	15	3					6	4
砂布	張	12	12	9	7	7	5	7	10	9	10	10
白粗布	〃	79	51	8	5	7	10	35	20	34	16	19
肥皂	塊	175	85	47	10	15	13	5	11	9	7	7
火柴	盒	15	10	5	10	10	10	15	5	10	15	10
普通灯泡及螺絲灯泡	只	2	7	4	5	4	6	6	5	5	10	21
竹籮筐	〃	20		40		40				25	6	10

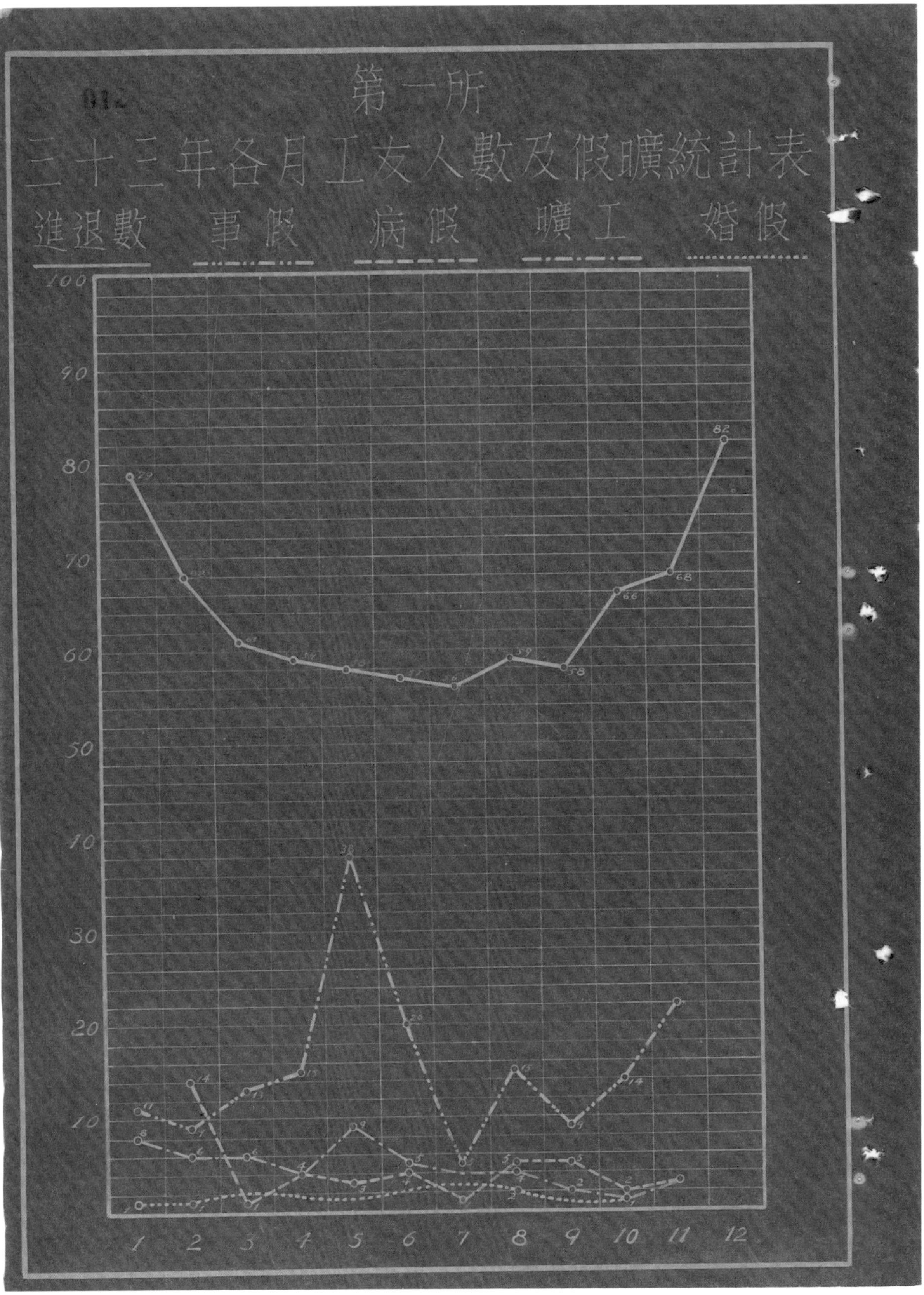

012
第一所
三十三年各月工友人數及假曠統計表
進退數
事假
病假
曠工
婚假
100
90
80
70
60
50
40
30
20
10
1
2
3
4
5
6
7
8
9
10
11
12

013

第一所
卅三年蘇式三七銅壳各月出品數量表

送驗數 ------　合格數 ——　退修數 -·-·-

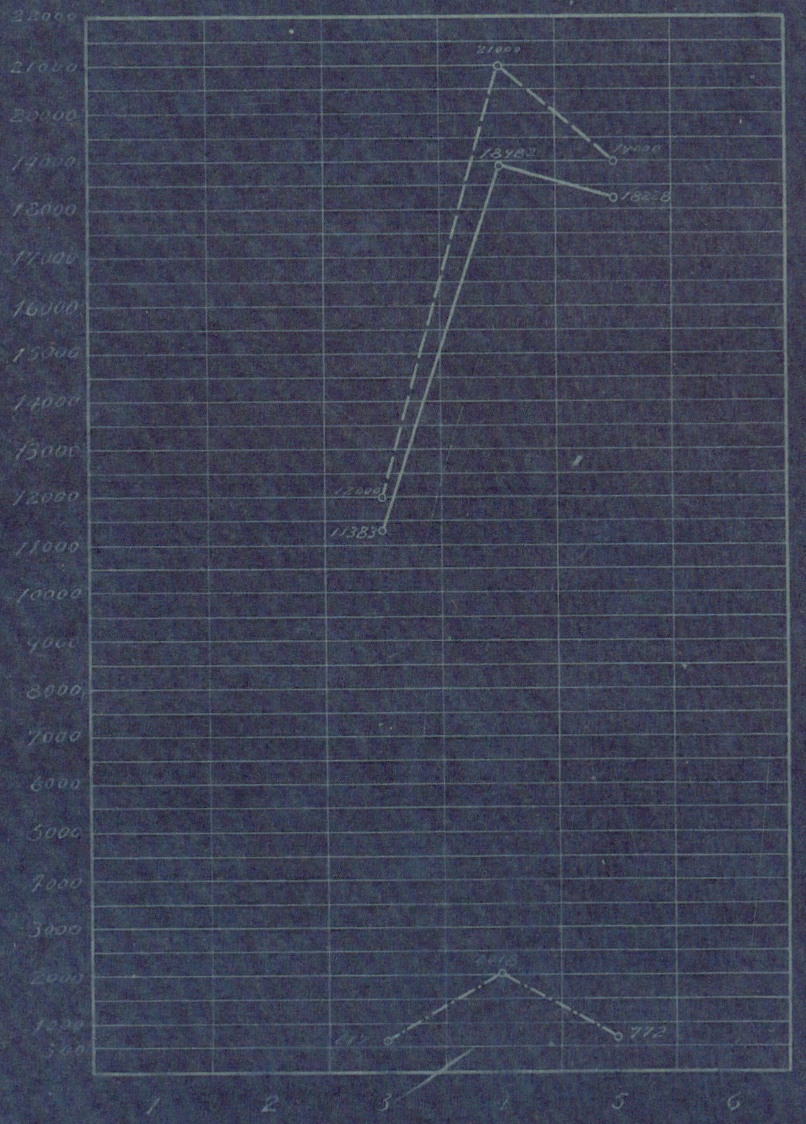

第一所

卅三年六公分迫擊砲彈傳爆管各月出品數量表

單位 1000　送驗數　合格數　退修數

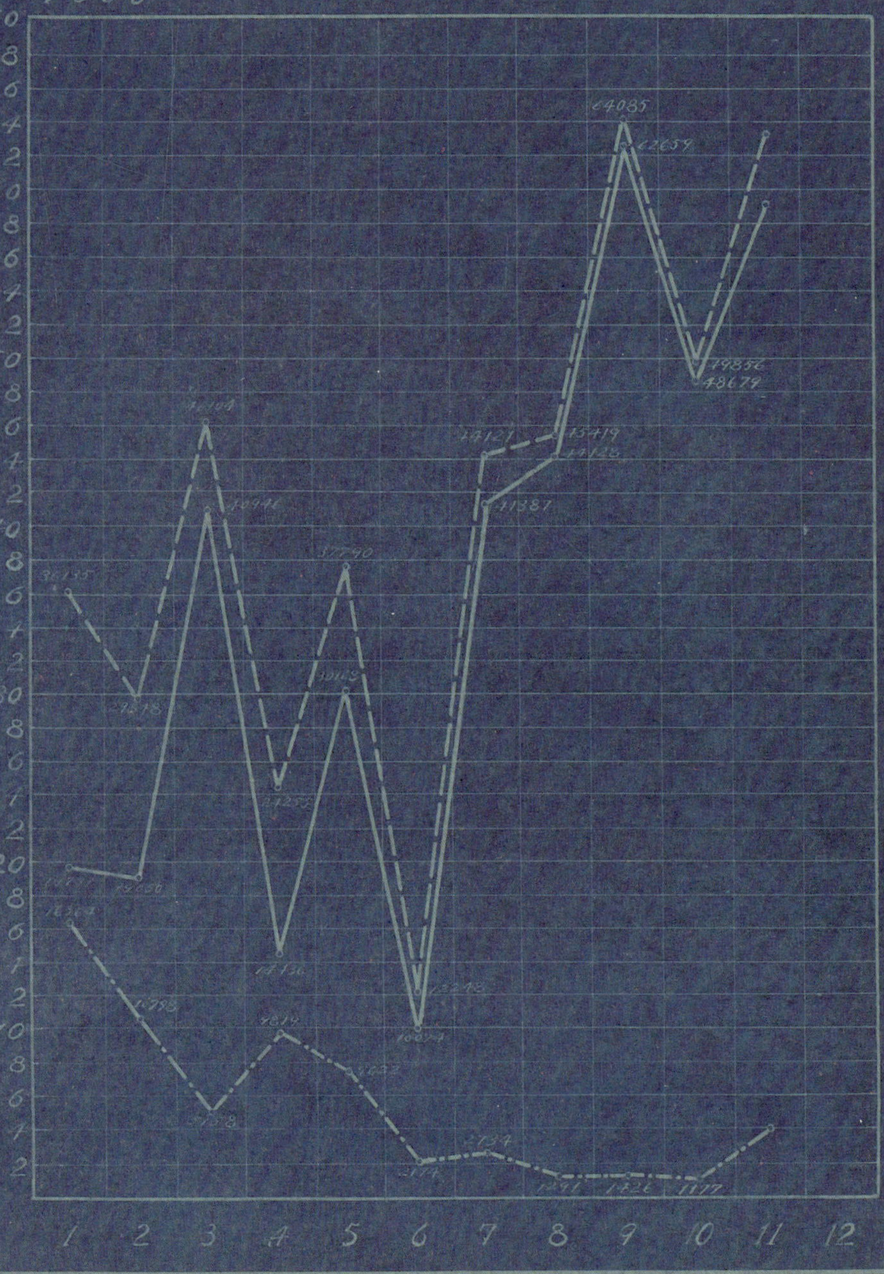

第一所

卅三年六公分迫擊砲彈保險帽各月出品數量表

單位 1000　　送驗數　　合格數　　退修數

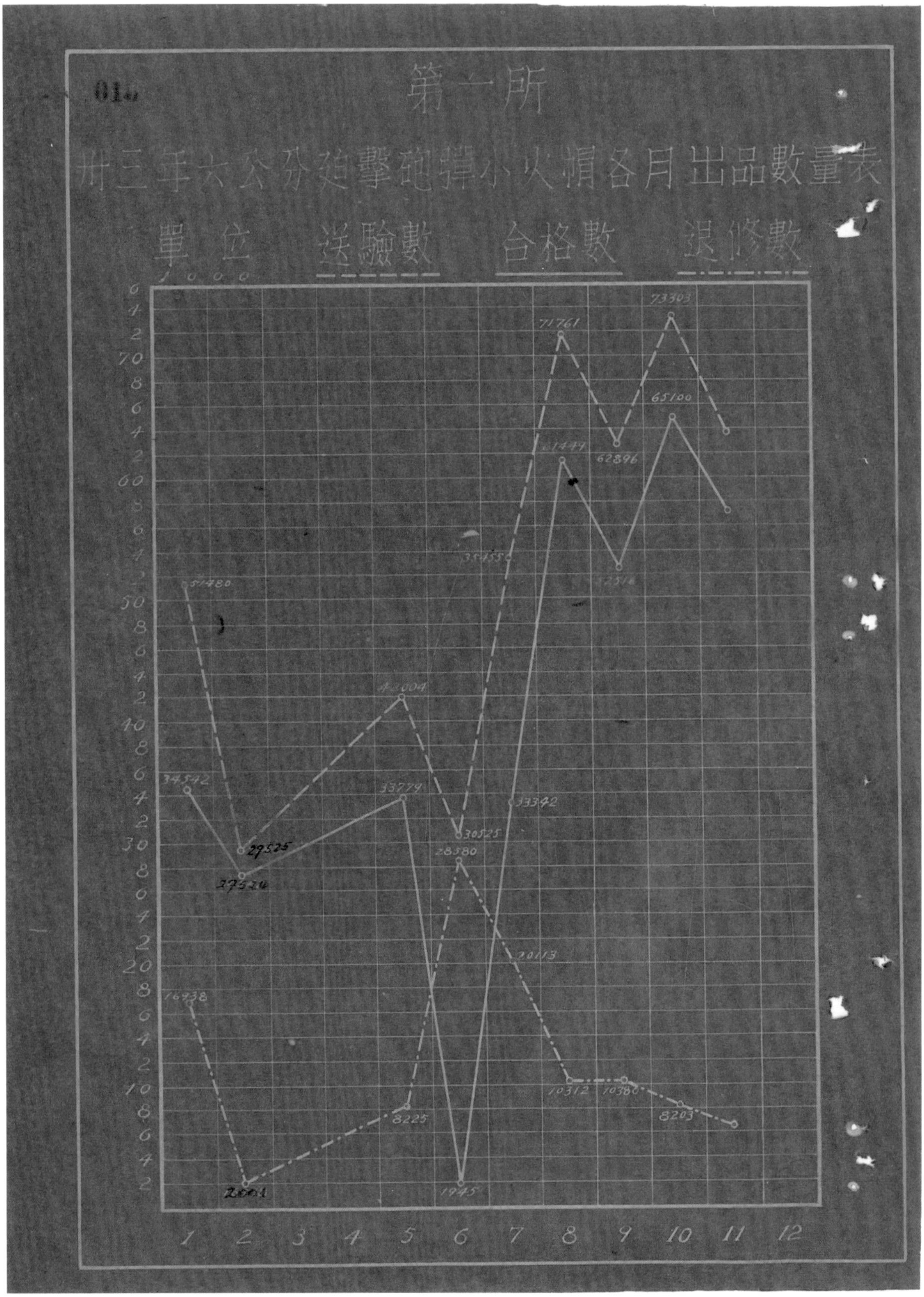
016
第一所
卅三年六公分迫擊砲彈小火帽各月出品數量表
單位 1000
送驗數
合格數
退修數
51480
34542
29525
27524
43004
33779
30525
28580
35455
33342
20113
16438
2001
8225
1945
71761
61444
62896
52514
73303
65100
10312
10380
8203
1 2 3 4 5 6 7 8 9 10 11 12

第一所

卅三年六公分迫擊砲彈接力帽各月出品數量表

單位　送驗數　合格數　退修數

018

第一所

卅三年六公分迫擊砲彈彈尾翼各月出品數量表

單位
10000

明年度中心工作計劃

(一)添建小冲床部廠房

本所原有小冲床拾壹部於十一月間由昆明運來小冲床一部共計拾貳部限於廠房面積擠於一角尤在夏季時工友之汗機器油及熱氣等蒸發一室其特味觸鼻殊碍工廠衛生是故呈請工務處添建約20×7米平方面積之廠房俾可將小冲床略予散佈裝置即可空氣流通又利各道成品運輸誠為必要之擴充也

(二)擴充工具材料室並成立配料間

本所三七及二八公分銅殼製造機廠房原為山字形每棟近辦公室凸出之端為工具室計二間另一端為小冲床部如將小冲床部衍接至工具室其

19-1

面積即為21×7米內十五米擬劃入小冲床部約六米劃併工具材料室

工具材料室經擴充6×7米面積後此間作為配料間專供小冲床各料之剪截及儲藏俾使技術員收發人員等易於管理及控制

(三)根據明年度作業計劃添置機設備有六公分迫擊砲彈每月二萬發激增至四萬發及起迫彈一萬發計劃後其底火與引信零件增至一倍以上各小冲床需添三部以及各主要機器如下表

主要出品作業計劃添置機器設備表

名稱	程式	數量	附註
小冲床	12至24噸	三部	3.7CM及2CM底火引信零件
砂輪機	雙面砂輪	一部	磨瓦楞釘鋒口

小切口機	抬式	一部	能切21式小火帽及其他小口徑者
剪刀機	滾剪式 龍門式	一部	能剪8'×4'×8"鐵皮
車床	6呎	一部	油模及修配機器零件
抬鉆床	能鉆1/4-10吋眼	一部	信號彈鉆火眼

兵工署第十工厂迫击炮所一九四四年度工作报告（一九四四年十二月二十三日）

0 001

迫擊炮所三十三年度工作報造

002

報告　卅三年十二月廿三日　於迫擊炮所

竊職奉

令擬具本年度工作進度及明年度中心工作計劃報告呈

閱，以職所係於本年五月一日成立，在該日以前所有工作進度，當

由第八所具报，五月一日開始迄今之各項紀錄，由職呈報，茲謹

將所應呈報諸項逐條报告如次：

第一項　本年度工作進度

甲：　關於人事方面

(1) 職員

原有人員：　技術員　金性初　張鴻祥　潘維熹　王聲達

2-1

事務員 盧立英

到差人員：技術員 倪華堂 程月初

馬天文 路松筠

調來人員：技術員 楊星奎

還調人員：技術員 金性初 路松筠

離職人員：技術員 潘維熹

(2) 工人

工人人數統計表

工別/月份	車	鉗	鉋	鑄	化	漆	藍	學	徒	小	總計
五月	16	47	2	2	9	0	2	4	10	18	110
六月	17	48	2	2	10	1	2	5	9	25	121
七月	17	49	2	2	10	1	2	7	9	35	134
八月	18	52	2	2	10	1	2	8	8	41	144
九月	17	55	1	2	10	2	2	9	8	40	146
十月	15	56	1	2	10	2	2	8	8	43	146
十一月	14	55	1	2	9	2	2	8	7	43	143
十二月	13	50	1	2	9	2	2	8	7	45	140

003

工人進退統計表

工別 進退 月份	車		鉗		鉋		鑄		化		漆		藍		學		徒		小	
	進	退	進	退	進	退	進	退	進	退	進	退	進	退	進	退	進	退	進	退
五月	2	1	3	2											1			1	10	3
六月	3	3	4	3											2				16	6
七月	3	2	3												3	2		1	9	3
八月	2	3	3			1					1				1					1
九月		2	5	4											1	2			5	2
十月		1	6	7						1					2	2		1	4	4
十一月		1	4	9											1	1			3	1
十二月	3	1		2		0										1				
總计	13	14	28	27		1				1	1				11	8		3	47	20

乙、關于製造方面

(1) 成品

六公分迫擊炮　七百门

3-1

(2) 半成品

編號	名稱	數量	單位	編號	名稱	數量	單位
10000	六〇迫擊炮	250	门	10330	丁字螺母	462	只
10001	砲身部	80	付	10340	襯螺	462	只
10002	後衛部	104	付	10360	昇降螺管	693	支
10003	昇降部	231	付	10370	銅套	1795	只
10004	座板部	410	付	10410	昇降螺桿	301	支
10006	支架部	216	付	10460	護管	724	支
10007	撑板部	436	付	10510	手柄	1645	只
10008	油杯	3053	只	10550	砲管座	180	只
10010	砲筒	756	根	10700	砲管箍	588	只
10030	撞針	4516	只	10710	螺釘	1888	只
10040	方向架	729	只	10750	護罩	650	只
10050	方向螺桿	575	支	12020	螺段	779	只
10130	下蓋(銅及鋁)	1785	只	12050	左旁頭	716	只
10140	上蓋	1147	只	12060	右旁頭	756	只
10230	彈簧筒	2509	只	12070	滑套	464	只
10240	彈簧压	1700	只	12090	彈性套管	1542	只
10270	螺桿	1187	根	12100	收緊螺套	1359	只

12110	高低螺管	347	只	14080	鈎子	648	只
12200	製板	1790	塊	14100	大水平管套	700	只
				14150	大水泡	250	只
10570	1# 鉄肋	1620	塊	14160	堵頭	900	只
10580	2# 鉄肋	1935	塊	14850	準星框	311	只
10590	3# 〃 〃	1800	塊				
10600	4# 鉄肋	902	塊	14780	螺母	1543	只
10610	5# 〃 〃	3600	塊				
10620	6# 鉄肋	788	塊	14820	瞄準框	195	只
10640	8# 鉄肋	948	塊	14250	標尺架	738	只
10660	10# 鉄肋	1009	塊	14280	彈簧蓋	428	只
10670	11# 鉄肋	2418	塊	14300	標尺框	750	只
10680	12# 鉄肋	1467	塊	14260	支軸	743	只
14010	度盤	245	塊	14390	墊圈	830	只
14020	水平管殼	1150	[illegible]	14370	對標尺蓋	705	只
14050	插梢	203	塊	14330	標尺	850	只
14030	小水泡	250	只				
14080	彈簧片	1700	片	12382	銑塞頭鉗柄料	1969	根
				10210	閘口梢	2500	只
				10420	標尺導板	700	只
				11070	又板	1800	塊
				14860	準星帶	700	片

(3) 其他類產品

C-27 中正式步槍擊針 銑兩平面及打∞ 10125 根

B7-156 擦槍器通條頭 銑兩平面，沖製長孔並完成 9800 支

4-1

(4) 備用品

名稱	數量	單位
1¼"φ黃銅條	91	噸
1"φ黃銅條	2.5	噸
7/8"φ黃銅條	1.2	噸

名稱	數量	單位
¾"φ黃銅條	800	公斤
黃銅塊	180	噸
紫銅塊	23	噸
廢鐵塊	438	公斤

(5) 另星修配等

職所製造方面修、配機件，製造臨時需用之夾頭及工具等，名稱數量至屬繁瑣，未及詳載，至為他部代造者，依其施工類別計分：

鑄件 384件

刨件 28件 又代第一所刨⅜"銅板料約250块

磨件 19件

漆件 91件 又双環餐室牆壁三間

005

發藍件　5件　內送迫砲砲架兩付作為二件計

丙：關于用料及工具方面

(一) 正料

規格	名称	數量	單位	規格	名称	數量	單位
	廢黃銅料	250,75	噸		說明書(六〇迫砲)	720	本
	廢紫銅料	19,77	噸		裝箱單(全上)	720	張
	紫銅	47	公斤		彎頸膠料	900	只
	錳鉄	42	公斤	1.8φmm	白銅丝	0.816	公斤
	廢火帽元筒	12310	只	2φmm	白銅丝	10.91	公斤
	廢引信体	6755	只	2.5φmm	白銅丝	4.994	公斤
	廢三七銅壳	796	只		砲管鋼管	5070.3	公斤
	鋁合金(連廢品料)	1225.8	公斤	1/8"φ	鋼板	460	公斤
	錫	27,4	公斤	2.5mm	鋼板	198	公斤
	鋅	0.5	公斤	7φmm	玻璃管	5	公斤
	純鋁	4.5	公斤	1/8"	黃銅板	1.05	公斤
	座板正身	550	块	4mm	黃銅板	29.15	公斤
	射表牌	700	块	5mm	黃銅板	5.75	公斤

5-1

(二)副料

規格	名稱	數量	單位	規格	名稱	數量	單位
3/4"φ	竹節鋼筋	2.1	公斤	3/8"φ	低炭素鋼	17.2	公斤
3/8"φ	鋼筋	14	公斤	1/4"φ	〃	1.77	公斤
2"	方鉄	11.7	公斤	1"φ	〃	6.35	公斤
5"	〃	9	公斤	1 3/8"φ	〃	21.5	公斤
1/2"×2 1/2"	扁鉄	19.58	公斤	1 1/2"φ	〃	20.19	公斤
3/4"×5"	〃	51	公斤	1 5/8"φ	〃	22	公斤
3/4"×2 3/4"	〃	58.73	公斤	2 7/8"φ	〃	9.5	公斤
5/8"×3 1/2"	〃	48	公斤	3/4"φ	〃	37.92	公斤
3/8"×3/4"	〃	11.1	公斤	1 1/4"φ	〃	9	公斤
3/4"	元鉄	5.54	公斤	1 1/2"φ	〃	3.45	公斤
1"	〃	27.25	公斤	2"φ	〃	7	公斤
1 3/4"	〃	4	公斤	2 1/4"φ	〃	19.5	公斤
2 1/2"	〃	4	公斤	2 3/4"φ	〃	41.75	公斤
2 3/4"	〃	6.7	公斤	1/4"φ	黄牌鋼	0.27	公斤
1/2"φ	低炭素鋼	23.34	公斤	7/8"φ	〃	0.33	公斤
5/8"φ	〃	48.19	公斤	2 1/2"φ	〃	3	公斤
7/8"φ	〃	17.7	公斤	3"φ	〃	2.85	公斤

006

7/8"φ	紫牌钢	0.85	公斤	1"	木螺丝	12	只
1/2"φ	〃 〃 〃	0.65	公斤	1½"	〃 〃 〃	55	只
1"φ	〃 〃 〃	2.15	公斤	1/2"	洋釘	2	公斤
1½"φ	〃 〃 〃	2.95	公斤	5/8"	〃 〃	0.5	公斤
1mm	黄铜皮	760x760	mm²	1"	〃 〃	5	公斤
2mm	〃 〃 〃	1.05	公斤	1½"	〃 〃	23	公斤
1/2"φ	黄铜條	0.3	公斤	1/2"	愛而湾	6	只
3/8"φ	〃 〃 〃	0.15	公斤	1/2"	水龍頭閘閥	1	只
3/4"φ	〃 〃 〃	1.19	公斤	1/2"	螺丝帽	9.5	公斤
2"φ	〃 〃 〃	1	公斤	5/8"	鋼珠	24	粒
3¾"φ	〃 〃 〃	9.5	公斤	SKF 6204	鋼珠軸領	1	只
0.5	馬口鉄皮	1	張		汽車輪胎鋼丝	25.3	公斤
1/16"	黑鉄皮	186	公斤	6mm	鋼珠	5	只
0.6φ	鍍鋅鉄丝	2	公斤	3/8"x2"	鋼丝針布	1.4	公尺
16#	〃 〃 〃 〃	19.7	公斤	0#	金刚砂	4	公斤
0.5φ	白鋼丝	0.1	公斤	0#	砂布	45	張
0.7φ	〃 〃 〃	0.01	公斤	1#	〃 〃	300	張
1.5φ	〃 〃 〃	0.02	公斤	2#	〃 〃	305	張
1/2"	木螺丝	24	只	1#	木砂低	2	張
3/4"	〃 〃 〃	16	只	1½"	鉸鏈	4	付

6-1

1"	膠皮帶	3.22	公尺		桐油	53	加侖
4"	" " "	6.95	公尺		精製廢油	343	加侖
DAYTON IM050	三角皮帶	2	根		代柴油	704	加侖
1½"	牛皮帶	18	公尺		柴油	53	加侖
2"	" " "	100	公尺		機器油	134.5	加侖
3"	" " "	10	公尺		黄凡士林	20	公斤
25"	皮帶扣	120	條		白凡士林	1	公斤
35"	" " "	10	條		黄牛油	152	公斤
12"	鋸条	196	支		肥皂油	122.5	公斤
½"φ	橡皮管	2.72	公尺		水肥皂	12	公斤
¾"φ	" " "	14.25	公尺		紅車油	15	加侖
36-0.5BE	砂輪	1	只		輕機油	10	加侖
16φ	膠皮管	10	公尺		调水油	2	加侖
	木炭	300	公斤		滑軸油	10	公斤
	块煤	350	噸		菜油	52	公斤
	酒精	22	加侖		石膏	13	公斤
	煤油	16.3	加侖		黑烟	6	公斤
	代煤油	15	加侖		松香水	4.7	公斤
	汽油	6	加侖	½P	保蓋磁漆	40	听
	代汽油	24.5	加侖		藍粉	14	公斤

007

	燒碱	1220	公斤	1½"	扁刷	16	把
	硝酸鉀	200	公斤	1¼"	〃	6	把
½P	黃磁漆	158	听		棉紗頭	34	公斤
	土白磁漆	1	桶		白泡石	48	块
1P	白磁漆	2	听		白泡石坩鍋	130	只
½P	黑磁漆	4	听		火泥坩鍋	10	只
	紅漆	10	公斤	70#	坩鍋	8	只
	土子	5	公斤		排筆	9	把
	蛇參	2	公斤		粉筆	15	盒
	凡立水	2	听		籮筐	38	只
	黃丹粉	3	公斤		飯碗	10	只
	紅丹粉	37	公斤		蓑衣	5	件
	黃漆	52.3	公斤		斗笠	7	只
	炭藍葯水	3	瓶		稻草	500	公斤
	鉛	107	公斤	½"	棕繩	50	公斤
	生漆	62.7	公斤	¼"	棕繩	3.2	公斤
	薑黃	0.5	公斤		蔴線	22	公斤
	洋漆片	0.722	公斤		純碱	25	公斤
	白腊	3	公斤		油紙	874	張
½"	漆刷	2	把		桑皮紙	416	張

7-1

	食盐	100	公斤		火柴	50	盒
1¾"	柏木板	0.27	英方		白布	580	块
16"×26"	玻璃	4	块		肥皂	65	块
100 W	灯泡	75	只		竹及木槓	11	11
75 W	〃 〃	14	只		竹掃把	3	把
60 W	〃 〃	20	只		纯碱	30	公斤

(三)工具

規格	名稱	數量	單位	規格	名稱	數量	單位
1.5 mm	麻花鑚	10	支	M3	螺丝公	43	支
1.7 mm	〃 〃 〃	5	支	M4	〃 〃 〃	90	支
2 mm	〃 〃 〃	23	支	LM5	〃 〃 〃	7	支
2.25 mm	〃 〃 〃	2	支	2φ	1:50斜度铰刀	10	支
2.5 mm	〃 〃 〃	23	支	12"	粗扁锉	30	把
3 mm	〃 〃 〃	9	支	13"	粗扁锉	10	把
3.2 mm	〃 〃 〃	7	支	12"	粗半元锉	25	把
3.3 mm	〃 〃 〃	10	支	8"	粗扁锉	20	把
4 mm	〃 〃 〃	11	支	8"	细扁锉	10	把
8 mm	〃 〃 〃	1	支	8"	粗半元锉	10	把
M2	螺丝公	9	支		绞虎间刀頭孖	90	只

005

3/8"×60	車刀頭	40	把		鉄模夹子	30	只
10ϕ	刀　頭	10	只		抄火棍	4	根
	砲筒镗刀頭	45	只		洒水壺	2	把
6ϕ	元柄銑刀	19	把		竹丝篩	1	只
	抱　鉗	5	把		鉗丝篩	1	只
	烘罐鉗	1	把		木平板	2	块
	下料鉗	5	把		方木块	3	块
	銅棍鉗	3	把		銅棍硬模	1	套
	加料鏟	12	把		斧　頭	2	把
	出渣匙	12	把		手　鏨	1	把
	煤　鏟	2	把		手　鏟	4	把
	銅錠模	21	只		抬罐鉗	1	把

丁：関於管理方面

(1)孜工——本廠初製迫炮所有工作程序原属粗訂，實際製造中，隨時均有修改，待首批迫炮七百门徵出後，另件圖樣多種更改，工作程序方面自更前所預計着頗有出入，後更作業課切实联

8-1

給，隨時修正，迄今報工一節情況頗見改善，工作程序之規定已較確實，據此可以估計工時，惟以人手不足，未能詳為一一測定，惟就初步製造紀錄，對各道所需之直接及間接工時已有大概規定而資攷工時之比較，目前按時計件實施上所感困難之原因有二：一為工人流動性過大，雖不斷致力于訓練，熟手仍感缺乏，一為一般新進工人程度過低，訓練費時費事而收效不大，此實為重要之障礙也

(2)半成品之管理｜收發已有定則，逐道登帳，便於考核，本年度所感困難者在於裝配方面，部份裝配完竣者自可照數記入該部之項目中，惟以一時短缺數種另件，一部份缺裝某項另件，另一部份缺裝他種另件，此種一時不克完全裝成之部份，則覺難

009

于入帳矣、惟設如各項另件均有轉手數量，則無此項問題自屬消滅矣、

(3)熔銅部奠立日夜班制、每班十二小时相互啣接，使熔銅爐之功能克份發揮，產量提高，同时省去停爐时烘爐烘罐之燃料，且收提高爐子及坩鍋之壽命之效、

(4)訓練——除隨时隨地指導並糾正工人之工作方法外，現在訓練中者有藝徒七人，並以技工補充不易之故因分道詳細之便選擇靈敏耐勞之學工及小工加以訓練使能勝任某項簡單工作，以節省技工之需用此項辦法已有生效之處矣、

戊：設備之添置及安裝

9-1

(1)前購進之協豐六尺車床九部安裝完竣，並已使用。

(2)VDF車床兩部因缺車頭齒輪箱，已配就臨時車頭兩只，專供砂光砲筒之用。

(3)檢驗砲方向偏差設備一套已裝就使用。

(4)熔銅間添置坩鍋烘爐一座，專作預熱坩鍋之用，節省烘罐煤量，且以坩鍋預熱完善，損壞率大減。

(5)熔銅爐長方風道建成後，效果極宏。

(6)熔銅部添建竹籬，便于保管材料。

(7)鑄銅條用硬模一付，專鑄1¼"黄銅条用。

(8)噴漆設備一套已安裝使用，並以噴漆時漆霧瀰漫，不無影

010

響及于工作者之健康，因為而又添桌子連吸風設備一套、

(9) 發藍設備一套安裝完竣、並已使用、

(10) 自製大平板兩块安裝使用、

(11) 裝配部隔半成品室一間、

(12) 添置製水泡設備一套

(13) 磨炮筒設備一套、試以砂輪磨炮筒用、

己：技術之改進

(1) 銅條硬模兩側各鉆氣孔一排，便于排氣，減少銅條氣孔，提高質量，另加銅質滚珠，使用稱便，節省工作、

(2) 水準泡試造完成，可以多量製造，精度在規定公差之內.

10-1

(3)改良方向架鉛眼夾頭，以及鉛眼方法，使精確度提高，減少裝配时手工額外施工極多。

(4)銑方向架燕尾槽夾頭之改良，提高製造精度，減除額外修理之工極多。

(5)利用双桿銑槽機銑製步槍擊針及擦膛具通條頭，提高製造速度，節省工作時间極多。

(6)添置銑炮管箍外形夾頭一套，可以節省手工加工。

(7)度盤銑弧形長槽原在兩端各鉛一孔，以為吃刀之用，今改為僅鉛一孔，工具損壞情形大減，工时亦省。

第二項　明年度中心工作

011

（一）製定機器工作分配时间表，使每一項工作事先均有充分之準備，届时即可实施，如此按照計劃從事，可以節省停工待料或等待工具而徒然浪費之时间，且可不致延誤生產。

（二）在預定之时间中努力提出最少等于一个月額造数量之轉手件，促成裝配工作之合理化。

（三）整理所有工具及夾頭，根據製造经驗加以改善及增添，以提高製品精度減低廢品率，並期「互換」之实踐。

（四）継續研究各道工作之直接及间接工时，據此修改工作程序，改良工作方法，以期節省工时，提高產量。

（五）訓練工人亦為提高產量減低廢品率之主要方法，又藝徒一批照

11-1

春尚擬制度定計劃，擬以主要之學科。

（六）熔銅部新接廠房竣工後，即當開始翻鑄迫炮鑄件。

（七）新建廠房一幢竣工後，擬與上色部份合併成立迫四部，迫炮裝配畢檢驗試射後，交由此部拆開、清洗、上色、裝成、請驗以至裝箱。

（八）迫二部廠房之擴充計劃，為便利管理起見，不擬添造一幢，而擬就地形儘量將現有廠房擴大，一則用以容納增添之機器設備，酌添鉗桌，使半成品手工加工工作全與裝配工作分開，則製造與裝配雙方俱感便利矣，再則半成品及工具室可有空間擴大，俾敷應用也。

謹呈

012

鑒核　謹呈

兼代處長　莊　轉呈

廠長　莊

職　沈培孫　謹呈